यंत्र तंत्र मंत्र विद्या

डॉ. दीपक सिंगला

ISBN 979-8-89066-803-5

डॉ. दीपक सिंगला ज्योतिष, मन्त्र-तन्त्र व आध्यात्म विद्या के जाने माने लेखक, लब्ध प्रतिष्ठित भविष्यवक्ता है।

डॉ. दीपक सिंगला पी.एच.डी वैधिक सांईस चण्डीगढ़ ज्योतिष विषय को लेकर अज्ञात-दर्शन नामक एक समांचार पत्रा का सम्पादन गत 18 वर्षा से कर रहे है। ज्योतिष में आपको ढेरों मानपत्र, अनेकों स्वर्ण पदक प्राप्त हो चुके हैं।

तथा कई नागरिक अभिनन्दन हो चुके हैं। एक जाने माने अस्ट्रालज़र हैं जो इस प्राचीन विज्ञान के पिछले 18 सालों से अध्ययन करते हुए उसका लाभ जनमानस तक पहुँचा रहे हैं। दैनिक भास्कर और दैनिक जागरण जैसे समाचार पत्रों में लिखने के अलावा, वे दिव्य टी.वी. चैनल पर भी इस कला की रचनात्मक प्रस्तुति करते हुए देखे जा सकते हैं।

श्रीमती प्रतिभा पाटिल जैसे सम्मानित नामों से वास्तु विशारत, सप्तऋषी पुरस्कार, वास्तु रतन और विनायक ज्योतिष श्री जैसे प्रतिष्ठित पुरस्कारों सहित लगभग 20 पुरस्कारों से सम्मानित किया गया। वह फिल्म और टेलीविजन हस्तियों से भी जुड़े हुए है। डॉ. दीपक सिंगला ज्योतिष के लिए उत्कृष्ट उपलब्धि पुरस्कार से प्राप्तकर्ता भी हैं।

आप देश-विदेशों के अनेक राष्ट्रीय-अन्तर्राष्ट्रीय सम्मेलनों की अध्यक्षता भी कर चुके हैं तथा सिंगापुर, हांगकांग, आबू धाबी, दुबई, शारजाह एवं अस्ट्रैलिया अथवा न्युजिलैंड एवं अनेक मुस्लिम राष्ट्रों की भी यात्रा कर चुके है।

ज्योतिष विषय को लेकर पचास से अधिक रेडियोवार्ता, एक हजार लेख व डेढ़ हजार से अधिक भविष्यवाणियां प्रकाशित होकर सत्य प्रमाणित हो चुकी है।

विषय-सूची

– I –

टोटके सम्बन्धी आवश्यक ज्ञान खण्ड

1. "टोटके" की परिभाषा

पाठको| "टोटके" एक चमत्कारी, प्रत्यक्ष सिद्ध एवं रहस्यमय विद्या है। "टोटके" देवी-देवताओं व ऋषि-मुनियों द्वारा मानव कल्याण हेतु अभूतपूर्व देन है। जिसने इसको जितना समझा, उसने उतना ही अलौकिक शक्ति के इस सान्निध्य को पहचाना और लाभान्वित हुआ।

टोटके वास्तव में एक "प्रक्रिया विशेष" का नाम है टोटके में कई बार न "मंत्र" की आवश्यकता रहती है, न "यंत्र" की। विशेष तिषि वार, नक्षत्र, ब्रत, होम, काल व वेला में, विशेष प्रकार की वस्तुओं में, एक विशेष प्रकार की. शक्ति का संचार होता है, और एक "दक्ष तांत्रिक" ही प्रकृति की इन सूक्ष्मताओं को जानता है तथा वह इस प्रकार की वस्तुओं के संयोग से एक नई विद्या, एक नई शक्ति व एक नए चमत्कार की सृष्टि करता है।

मानव जीवन की विभिन्न आवश्यकताओं और आकांक्षाओं की पूर्ति के अनुरूप अन्य मान्त्रिक, यान्त्रिक अनुष्ठान, वैदिक अनुष्ठान काफी खर्चीले, दुसाध्य वे समय-साध्य होते हैं। जबकि "टोटकों कौ क्रियाओं का प्रभाव" तत्काल होता है तथा कौड़ियों के मौल की वस्तुओं के माध्यम से लाखों रूपयों का काम यों ही सहज रूप से हो जाता है।|

"फ्रांस के जिन्स कोक्टीयस" नामक वैज्ञानिक ने भारतीय टोटकों पर कई अनुसंधान (रिसर्च) किया और पाया कि "टोटके" शीघ्र'फलदायी और सत्य तो जरूर होते हैं, परन्तु इनके परिणाम किस प्रक्रिया के आधार पर प्रकट होते हैं, इसकी खोज कर पाना "मानवीय मस्तिष्क" के बाहर की बात है।

क्यों न हो मानवीय मस्तिष्क के बाहर की बात? क्योंकि भौतिक विज्ञान स्थूल तत्व एवं प्रत्यक्ष ज्ञान पर आधारित है। उसके पास अन्तर्जन, अनुमान प्रमाण एवं दैवीय वाक्य प्रमाण का नितान्त अभाव है। आधुनिक विज्ञान कार्यकारण सम्बन्धी दुराग्रह देखता है। उसकी अपनी सीमा है, वह सूक्ष्म तक जाने की कल्पना नहीं कर सकता। कार्य कारण सम्बन्ध को ढूंढना और सिद्ध करना सामान्य सतही ज्ञान है। परमज्ञानी अतीन्द्र ज्ञान, पराविज्ञान, तंत्र-मंत्र-यंत्र व अध्यात्म इन मानदण्डों के दायरे में नहीं आते "ईश्वरीय चमत्कार" कार्य कारण सम्बन्धों की अपेक्षा नहीं रखते।

संत तुलसी दास ने-कहा है कि -

बिन पग चले, सुने बिन काना।
बिन कर कर्म, करे विधि नाना॥

अर्थात् - जो बिना पैर के चलता है और बिना कान के सुनता है तथा बिना हाथ के नानाविध कर्मों को करता है। ऐसे उस परम पिता परमेश्वर की विशाल शक्ति के आगे "कार्य-कारण" सम्बन्धों की "इतिश्री" हो जाती है।

किसी विद्वान ने ठीक ही कहा है कि जहाँ पर "भौतिक विज्ञान" की सीमाएँ समाप्त हो जाती हैं, ठीक वहीं से "अध्यात्म विद्या" की सीमाओं का प्रारम्भ होता है। इसीलिए अब रूस, इंग्लैंड, अमेरिका और चेकोस्लोवाकिया में अध्यात्म, यंत्र-मंत्र एवं टोटकों पर अनुसंधान हो रहा है। उनके पास संस्थाएँ है, साधन हैं, मनीषी विद्वान हैं, जो निरन्तर "शोध कार्य" में लगे हुए हैं।

"अन्तर्राष्ट्रीय-भारतीय वेद अध्यात्म अनुसंधान केन्द्र" नामक रिसर्च सेन्टर नामक संस्थाएँ इन देशों में भारतीय वेद, यंत्र-मंत्र-तंत्र एवं टोटकों पर तथा ज्योतिष पर गहन शोध कर रहा है। इन संस्था के अंदर विश्व के प्रसिद्ध अध्यात्म विद्वान एवं वैज्ञानिक हैं। सौभाग्य से इस महान अध्यात्म अनुसंधान केन्द्र का सदस्य मैं भी हूँ। वर्ष में एक बार कभी इंग्लैंड, कभी अमेरिका, कभी रूस, फ्रांस,

इटली आदि देशों में इस अध्यात्म अनुसंधान केन्द्र का दो महीने की महा सम्मेलन होता है, जिसके अन्तर्गत सभी विद्वान अपने-अपने शोध को प्रकट करते हैं और प्रमाणित करते हैं। इसके साथ ही सामुहिक शोधकार्य भी होते रहते हैं।

एक बार फ्रांस में वार्षिक "शोध शिविर" चल रहा था, उन्हीं दिनों वहाँ के महान् वैज्ञानिक "नैल्स बोर्न" से हमारी मुलाकात हुई, जो अत्यन्त बीमार थे। इस आधुनिक विज्ञान के युग में भी दवाईयों का इंजक्सनों का कोई प्रभाव नहीं पड़ रहा था। बातों ही बातों में मैंने उनकी जन्म तारीख, जन्म समय व जन्म स्थान जानकर "जन्म कुण्डली" बनायी तो पाया कि शनि ग्रह की अनिष्ट दशाओं के कारण वे बीमार थे। बस तभी मैंने भारत से ले गया "काले घोड़े की नाल" उनके शा विशाल भवन के मुख्य द्वार पर लटकवा दिया। उस "घुड़नाल" ने 14 घंटे के अंदर चमत्कार दिखलाया, जिससे "नैल्सबोर्न" को कुछ राहत मिला| चन्द दिनों

में ही वे बिल्कुल स्वस्थ हो गए।

एक नोबल पुरस्कार विजेता बैनिक के मकान के बाहर "घुड़नाल" लटका देखकर उसके मित्र को बड़ा आश्चर्य हुआ और उसने पूछा - क्या तुम भी अन्ध विश्वास को मानने वाले व्यक्ति में से हो? "नैल्स बोर्न "ने बड़ी विनम्रता से उत्तर दिया "मैं अन्ध विश्वासी हूँ या नहीं, मैं टोटकों को मानता हूँ या नहीं इससे कोई फर्क नहीं पड़ता, परन्तु जबसे यह घुड़नाल मेरे मकान के बाहर बंधी है, मुझे राहत व आराम है बड़े-बड़े डॉक्टर लोग

भी हमें ठीक न कर सके, परन्तु इस घुड़नाल के चमत्कार ने हमें पूर्ण स्वस्थ कर दिया।"

पाठको! कभी-कभी बड़े-बड़े डाक्टर लोग भी कई रोग को समझ नहीं पाते परन्तु घर के बड़े बूढ़े व सयाने लोगों के द्वारा किए गये उपायों से रोगी को तुरन्त राहत मिल जाती है, तो इसके चमत्कार की प्रक्रियाओं को "टोटका" नाम से जाना जाता है। यह ठीक है कि टोटकों में यंत्र-मंत्र की आवश्यकता नहीं रहती। परन्तु कुछ ऐसे भी टोटके होते हैं, जिनमें यंत्र व मंत्र भी अणुप्राणित होते हैं और ऐसे टोटके अधिक शक्तिशाली होते हैं।

पाठकों! "टोटके" का वैदिक नाम "तंत्र" है। "तंत्र क्रिया" करते समय किसी व्यक्ति के द्वारा "टोका-टोकी" करने से क्रिया विफल हो जाती है। जिस तंत्र क्रिया में" टोका-टोकी" नहीं हो उसे "टोटके" कहते हैं||

ग्रामीण क्षेत्रों में प्रचलित टोटके "सरल तांत्रिक विधियों" के ही रूप हैं। शिक्षा के पाश्चात्यीकरण के कारण इन टोटकों को अंधविश्वास की संज्ञा दे दी गयी थी, कई लोग तंत्र व टोटकों की हँसी उड़ाते थे, परन्तु इन टोटकों के अनुसंधान कार्य से, इसकी सफलता से दुनियाँ के वैज्ञानिक भी चकित हो उठे हैं। "वैज्ञानिक आइंस्टीन" का अह मानना था कि "वैज्ञानिक प्रगति का चरम-विकास अन्तर्जन और अध्यात्म ज्ञान से ही सम्भव है||" "यूरी गैलर" की।

विचित्र "तंत्र शक्ति" को देखकर भौतिक विज्ञानी हतप्रभ रह गए थे, क्योंकि उनके सामने उसने बाजार में चल रही ट्राम को रोग दिया, अंगूठी के दो टुकड़े कर दिए। केवल दृष्टि मात्र से लन्दन के टावर में लगी घड़ी की सुइयों को उसने उल्टा घुमा दिया, तब वहाँ खड़े विज्ञान के अन्ध भक्तों की मान्यताओं पर प्रश्न चिन्ह लग गया? परेशानी इसलिए और अधिक थी कि जिसने यह फरतव दिखाए वह कोई सन्त या सिद्ध नहीं थे बल्कि टोटकों के विज्ञाता थे।

पाठको! टोटकों अर्थात् "तंत्र विज्ञान" को शोध की कसौटी पर खरा उतरने के बावजूद भी इस संसार में कई लोग ऐसे हैं जो तंत्र व टोटकों की हंसी उड़ाते हैं। तथा इसे "अन्ध विश्वास" से जोड़ते हैं। पर वे भूल जाते हैं कि "विश्वास" तो सदैव अन्धा ही होता है और वही सफलता देता है। दृढ़ इच्छा शक्ति व अन्ध विश्वास ही सुदृढ़ इच्था शक्ति का जनक है और दृढ़ इच्छा शक्ति ही कार्य सफलता को सबसे महत्वपूर्ण पहली कड़ी होती है। ज्ञान-विज्ञान के किसी भी क्षेत्र के प्रति दुराग्रह एवं आँखें मूंद लेने से बात नहीं बनती। शिक्षा का अर्थ होता है "बौद्धिक विकास"। शिक्षित होने का यह अर्थ नहीं कि व्यक्ति दुरग्रही हो जाय एवं प्राचीन महर्षियों तथा पुरातन ऋषियों द्वारा अनुसंधानित सामग्री को बकवास समझे| "ऋषि" क्या है। वस्तृत:-

"ऋषियों रिसर्च कर्तार" जो निरन्तर अनुसंधान में रत रहे वही तो ऋषि है। यंत्र-मंत्र-तंत्र व टोटकों के सत्य की वर्षा से निरन्तर शोध पर आधारित मैंने कई पुस्तकों की रचना की है, जो अमित पाकेट बुक्स एवं महामाया पब्लिकेशन्स- जालन्धर सिटी से प्रकाशित होकर संसार के कोने-कोने के मानव प्राणी को लाभान्वित कर रही है। हमारा अध्यात्म के प्रति शोध निरन्तर जारी है और इसी महान शोध का अगला परिणाम "टोटके ही टोटके" नामक जीवनोपयोगी ग्रन्थ आप पाठकगणों को समर्पित कर रहा हूँ। शोध की आग में अपने आप को तिल- तिल जलाकर भारतीय ऋषियों-महर्षियों के तंत्र विद्या की इस दिव्य ज्योति को प्रजवलित कर रहा हूँ। इस ग्रन्थ के "टोटके" अनुसंधानित हैं- जो शीघ्र फलदायी है। इसे पाठकगण अपनावें- इसे कार्य रूप देकर अपने भविष्य को संवारे और समस्त बाधाओं को दूर भगाकर जीवन सफल बनावें।

2. स्वयं भगवान शिव टोटकों की मान्यता के समर्थक

पाठको! टोने-टोटके की प्रक्रिया मानव द्वारा निर्मित नहीं, बल्कि "शिव प्रणीत" है। स्वयं देवाधिदेव महादेव के मुखारबिन्द से "टोटकों की सृष्टि" हुई है। एकबार कैलाश पर्वत के शिखर पर संसार का कल्याण करने वाले देवाधि देव महादेव से" "भगवान दत्तात्रेय" ने "तंत्र कल्प" (टोटकों की महानता) का वर्णन करने की प्रार्थना की।

श्री दत्तात्रेय उवाच
कलौ सिद्ध महाकृत्यं तंत्र विद्या - विधानकम्।
क थयस्यथ महादेव देव-देव - महेश्वबर ॥
बिना कीलक मंत्राश्च तंत्राश्य यंत्राइच कथिता: शिव।
तंत्र विद्या क्षणात् सिद्धि: कृषां कृत्वा वदस्वं मे ॥
(दत्रात्नेय तंत्र से उद्धत)

भावार्थ:- श्री दत्तात्रेय जी ने भगवान शिव से कर जोड़ कर बिनती करते हुए पूछा - है महादेव! कलियुग में तंत्र विद्या (टोटके रूपी विद्या) के द्वारा ही समस्त कार्य मानव पूर्ण कर सकेंगे। अतएव हे महेश्वर! आप उस तंत्र विद्या को "प्रकाशित करें। जो तंत्र विद्या कीलन रहित हैं, जो अल्प समय में ही सफलताएँ प्रदान करती हैं-s ऐसी तंत्र विद्या का ज्ञान प्रदान करें।

शिव उवाच

श्रृणु सिद्धिं महायोगिन्! सर्व योग विशारद।

तंत्र विद्या महा-गुह्या देवानामपि दुर्लभा: ॥

तवाग्रे कथिता देव! तंत्र-विद्या शिरोमणि:।

अुह्याद गुह्या महा गुह्या, गुह्या गुह्या पुन: पुन:॥

(र- भक्ताय दातव्या नाभक्ताय कदाचन।

मम भक्त्ये कमनसे दृढ़ चित्त युताय च॥

(दत्तात्रेय तंत्र से उद्धृत)

भावार्थ:- हे समस्त प्रकारेण योगों का ज्ञान रखने वाले महायोगी दत्तात्रेय! तंत्र सिद्धि (टोटकों की सिद्धि) की बात सुनो तंत्र विद्या अत्यन्त गुप्त है तथा यह देवताओं के लिए भी दुर्लभ है, जो सर्वोत्तम शिरोमणि विद्या है। यह अत्यन्त गोपनीय अपितु गोपनीय से भी अधिक गुप्त है। यह तंत्र विद्या (टोटके रूपी विद्या) उसी को देनी चाहिए जो कि गुरु भक्त है- गुरु रक्षा कबच" धारण करता हैA जिसे गुरु के प्रति भक्ति-श्रद्धा और उनके वचनों पर विश्वास न हो- उसे इस विद्या को नहीं देना चाहिए। यह विद्या सिर्फ मेरे प्रति एक निष्ठावान भक्ति वाले तथा दृढ़ चित्तवान साधक को ही देनी चाहिए।

शिव उवाच

मात्र तिथिर्न नक्षत्र नियमों वासर:।

"न ब्रतं नियमो होम काल बेला विवर्जितम्॥

केवल तंत्र-मन्त्रेण हौषधि सिद्धि दायिनी।

अस्था: साधना मात्रेण क्षणात सिद्धिश्च जायते॥

(दत्तात्रेय तंत्र से प्राप्त)

भावार्थ:- यहाँ जिन तंत्र प्रयोगों (टोटकों के प्रयोगों) का कथन कर रहा हूँ- उसके प्रयोग में मात्र तिथि- नक्षत्र- बार और समय के विचार करने की आवश्यकता होती है। इसमें व्रत- उपवास, होम आदि करना भी आवश्यक नहीं होता है। केवल तंत्र में कही गई विधि के अनुसार ही ग्रहण की गई "जड़ी बूटियाँ" प्रभाव में शीघ्र सिद्धि प्रदान करती हैं।

पाठंको! भगवान शिव द्वारा वर्णित उपरोक्त श्लोकों से तंत्र शास्त्र (टोटके शास्त्र) की महिमा महामहान है अत: तंत्र व टोटकों की सच्चाई को नकारा नहीं जा सकता।

3. लंकाधिपति महाराज रावण द्वारा टोटकों को मान्यता प्रदान

देवी-देवता एवं ऋषि-महर्षियों के अलावा "दानवाधिप रावण ने भी

"टोटकों" को महान मान्यता दी है| नवग्रहों की अनिष्टता के शिकार हुए दानवों की दुर्दशा देखकर, मानव प्राणियों की बेहाल दशा देखकर रावण ने भगवान सूर्य के सारथी "श्री अरूण देव"से निवेदन किया कि "हे भगवन आप ज्योती के ईश (ज्योती + ईस - ज्योतिष) भगवान भास्कर (सूर्य) के रथ के सारथी हैं।

भगवान सूर्य ज्योतिष के विधाता" हैं और स्वयं आप भी ज्योतिष के सर्वोपरि विद्वान देवता हैं हे प्रभो पृथ्वी लोक पर सभी जीव नवग्रहों की अनिष्ट वर्षा से त्राहि-त्राहि कर रहा है। नवग्रहों की अनिष्टता शांत करने हेतु जो वैदिक-आध्यात्मिक- तांत्रिक व मांत्रिक बड़े-बड़े "अनुष्ठान" हैं वे अत्यन्त खर्चीले-उमाष्य व समय-साध्य होते हैं- जो करना सबके वश की बात हीं अत: हे देव! कोई सरल से सरल उपाय बताएँ जिससे नवग्रहों की अनिष्टता शांत हो सके।

महाराज रावण की प्रार्थना से प्रसन्न हो भगवान अरूण देव ने नवग्रहों की अनिष्टता शांत करने हेतु अति सरल "टोटके" बताए और उन्हीं टोटकों पर आधारित उन्होंने "लाल किताब" (अरूण संहिता नामक ग्रन्थ की रचना की जो आज हम मानव को प्राप्त है। "लाल किताब के टोटके"नवग्रहों की अनिष्ट दशा शांत करने- उन्हें अपने अनुकूल करने में परम लाभकारी व कल्याणकारी प्रमाणित हो रहा है। "लाल किताब के टोटके" नामक ग्रन्थ भी हमारी लिखी हुई "अमित पाकेट बुक्स" जालन्धर सिटी से प्रकाशित हैं, जिसे पढ़कर पाठक गण पूर्ण लाभान्वित हो सकते हैं। इस ग्रन्थ के मूल रचयिता महाराज रावण हैं और प्रवक्ता भगवान अरूण देव हैं।

अत: टोटकों की मान्यता पर- सत्यता पर- विश्वसनियता पर संकोच करने का सवाल ही नहीं उठता।

पाठकों! अब हम टोटकों के विषय वस्तु की ओर अग्रसर होते हैं। टोटके करने की कई प्रक्रिया है। जैसे वनस्पतियों द्वारा- अनेकों प्रकार की वस्तुओं द्वारा- मृत जानवरों के अंगों द्वारा, श्मशान की लकड़ी व राख द्वारा, कई प्रकार के अन्न द्वारा आदि। सर्व प्रथम आपको "वनस्पति लोक" के अभूतपूर्व टोटकों का ज्ञान क् दर्शन करा रहा हूँ- जो अत्यन्त चमत्कारी है और मेरे द्वारा अनुसंधानित हैं।

4. टोढकों में प्रयोग होने वाली वनस्पति लाने की विधि

1. पाठकों! सभी प्रकार के तांत्रिक टोटकों को रवि-पुष्प योग- गुरु पुष्प योग-सर्व सिद्धि योग-नवमी या चतुदर्शी तिथि- अतिआवश्यक समय में। रविवार- शनिवार व गुरुवार को करना चाहिए।

2. टोटकों में प्रयोग होने वाले किसी भी वनस्पति, पौधे की जड़- छाल या पत्तियाँ विधि विधान के साथ लाने से ही सफलता मिलती है।

3. टोटके हेतु जड़ी-बूटियाँ लाने में गोपनीयता बनाएँ रखें। "ब्राहम मुहूर्त"में ही इसे लाने जाएं।

4. जिस दिन वनस्पति लानी हो उस दिन से पहले दिन उस वनस्पति को प्राप्त करने का उन्हें "निमंत्रण" दे आवें।

5. टोटके करने वाले दिन में, वनस्पति लाने वाले दिन में ब्रह्मचर्य ब्रत का पालन करें।

6. गंदे कुएँ- श्मशान- बिल- गन्दी जगह एवं गलत मार्ग में उत्पनन औषधि या वनस्पति नहीं प्रयोग करनी चाहिए।

7. सड़ी- गली जड़ी या वनस्पति का प्रयोग वर्जित हैं।

8. स्वच्छ एवं मनमोहक वन में उगी हुई वनस्पति (जड़ी-बूटियाँ) ही तंत्र में प्रयोग करें।

9. टोटके हेतु वनस्पति को निमंत्रण देने हेतु जाने के समय या जड़ी-बूटियाँ लाने के समय रास्ते में किसी व्यक्ति से बातचीत न करें और न ही पीछे पलट कर देखें।

10. घर लाकर वनस्पति को नंगी भूमि पर न रखें। उसे गंगाजल या दूध से नान कराकर किसी शुद्ध नवीन वस्त्र पर रखें।

11. जड़ी-बूटियों को धूप में न सुखाबें उसे छाया में सुखाकर ही प्रयोग करें।

12. वनस्पति को निमंत्रण देते समय यां लाने के समय उस पर अपनी परछाई न पड़ने दें।

5. जड़ी-बूटी को निमंत्रण देना अनिवार्य क्यों?

पाठको! टोटके करने हेतु जिस जड़ी-बूटी को लाना हो उसे एक दिन पहले निमंत्रण!" देना अनिवार्य होता है। बाजारू अन्य पुस्तकों में "वनस्पति" सम्बन्धी टोटके तो लिखे हैं परन्तु जड़ी-बूटियों को लाने की- उसे "आमंत्रण" करने की आध्यात्मिक विधि वर्णित नहीं है। वनस्पतियों को किस योग में- किस तिथि को और किस वार (दिवस) को लायी जाय, इसका वैदिक विधि नहीं लिखी गई है। ऐसी टोटकों की पुस्तकें बाजारों में घड़ल्ले से बिक तो रही है- परन्तु - उन पुस्तकों को खरीदने वाले पाठक जब पढ़कर टोटके करते हैं तो परिणाम शून्य होता है- जिससे पाठकगण हतास हो जाते हैं, निराश हो जाते हैं और झल्लाकर कहते हैं कि यंत्र-मंत्र-तंत्र टोटके आदि "बकवास" है। ऐसे हताश व निराश पाठकों को मैं विश्वास दिलाता हूँ कि यंत्र-मंत्र-तंत्र टोटके आदि बकवास नहींs बल्कि ये कठोर सत्य है। जब हम वैदिक विधि-विधिन से ऋषि-महर्षियों के निर्देशित नियमों के अनुसार जड़ी-बूटियाँ लायेंगे तभी वे सफलता प्रदान करायेगी।

हम लोग जब कोई विवाह- यज्ञ आदि कोई शुभ समारोह करते हैं तो उस समारोह में पधारने हेतु अपने कुटुम्बों को- मित्रों को, रिश्तेदारों को पहले "निमंत्रण कार्ड" भेजते हैं तभी वे आते हैं और हमारी मदद भी करते हैं। उसी अकार वनस्पति- जड़ी-बूटियाँ भी आदर चाहती है। आदर के साथ लाई गयी जड़ी-बूटियाँ ही प्रसन्नचित्त होकर टोठकों में सफलताएँ प्रदान करती है। अत: टोटकों में लाने वाली जड़ी-बूटियों को आमंत्रित करने की वैदिक विधि है जो इसप्रकार है।

6. जड़ी बूटियों को निमंत्रण देने की विधि

पाठको! टोटकों में प्रयोग करने वाली जड़ी-बूटी जिस दिन लाना हो उसके एक दिन पहले "ब्रह्म मुहूर्त" (प्रात: काल 4 बजे) में उस जड़ी-बूटी के पास जाएं साथ में गंगाजल- पान पत्ता- चन्दन- चावल- बिल्वपत्र- पुष्प- मौली-सिन्दूर- पीले सरसों- सिन्दूर- एक या दो रूपये का सिक्का- अगरबत्ती- रूई- देशी कर! दीपक और एक लोटा जल सुपारी- कम्बल का आसन ले जाएँ।

जिस जड़ी या बूटी को लाना है उसके समीप पहुँचे। गंगाजल उस बूटी पर छिड़ककर उसके समीप सभी सामग्री रखें। तत्यश्चात् कर जोड़ कर नीचे लिखित मंत्र का उच्चारण कर उस वनस्पति (जड़ी या बूटी) को प्रणाम करें।

वनस्पति नमस्कार मंत्र:-
3& नमस्ते5मृत सम्प भूते बल-वीर्य विवर्द्धिनी।
जल मायुश्च में देहि पापान्मे त्राहि दूरतः ॥

नोट:- वनस्पति को "मस्कार करने के बाद उसके पास बैठ जाएँ। सुगन्धित अगरबत्ती व दीपक जलावें। बूटी के जड़ के पास क्रमश: गंगाजल- चावल- चन्दन- बिल्वपत्र- पुष्प- सिन्दूर- मिठाई- पीले सरसों- पान- सुपारी, सिक्के रखें इसके पश्चात् उस जड़ी या बूटी को मौली बाँधे। अब पुन; उस पर जल चढ़ावें। फिर उस जड़ी बूटी को नमस्कार करते हुए कहें -

"हे अमुक जड़ी-बूटी पेड़ अथवा औषधि- मैं आपको अपने (अमुक) कार्य के लिए प्राप्त करना चाहता हूँ। कृपया मेरा निमंत्रण स्वीकार करें और मेरा कार्य सफल करें।"

नोट:- नमस्कार करने के बाद घर चले आवें, परन्तु रास्ते में पीछे आकर का नहीं देखें और ना ही आने-जाने वक्त किसी से रास्ते में बातचीत करें। रात्रि में ब्रह्मचर्य ब्रत का पालन करें। अत: काल आपको आमंत्रित वनस्पति को लाने हेतु जाना है अतः रात्रि में मांस-मदिरा का सेवन नहीं करें और वैष्णवी भोजन करें।

7. वनस्पति (जड़ी-बूटी) खोदने की विधि

पूर्व आमंत्रित की हुई जड़ी या बूटी के पास दूसरे दिन ब्रह्म-मुहूर्त में पहुँचे। वहाँ पहुँचते ही उत्तर दिशा मुख करके उस बूटी को नमस्कार करते हुए नीचे लिखित मंत्र का उच्चारण करें:-

Å। नमस्ते˙मृत सम्भूते बल वीर्य विवद्धिधिनी।
बल मायुश्च मे देहि पापान्मे त्राहि दूरत:॥

नोट:- अब बूटी को अगरबत्ती जलाकर दिखावें। जल- चावल, पुष्प- चन्दन- बिल्वपत्र एवं मिठाई क्रमश: चढ़ावें इसके बाद वनस्पति को खोदने हेतु नीचे लिखित मंत्र का उच्चारण करें:

वनस्पति खोदने का मंत्र

येन त्वां खनते ब्रह्म येन त्वां खनते भृगु।

येन हिन्दोय वरूणो- येन त्वां प्रचक्र मे ॥

तेनाहं खनिष्यामि- मंत्र पूतेन पाणिना।

मा पातेमानि पतित जोन्यथा माते भवेत् ॥

अंत्रैव तिष्ठ कल्याणिं मम कार्यकरी भव।

मम कार्य सिद्धे ततः स्वर्ग गमिष्यामि॥

नोट:- मंत्र उच्चारण करते जाएँ और जड़ी खोदते जाएँ। जड़ी उखाड़ लेने के बाद घर ले जाएँ। घर से जाते या आते समय रास्ते में किसी से बातचीत न करें और न ही पीछे पलटकर देखें। जड़ी को घर लाकर गंगाजल या गाय के दूध से

धोकर छाया में सुखा लें- फिर प्रयोग करें। उपरोक्त विधि-विधान से लाई गयी वनस्पतियाँ ही टोटकों में फलदायक सिद्ध होता है।

8. टोटके करने की मानव प्राणी को आवश्यकता कयों?

पाठको! मानव प्राणी अनिष्ट ग्रहों से फलीभूत होक- दुश्मनों द्वारा कराए गए जादू टोने के प्रभावों से एवं प्रकृत्ति-प्रदत्त शारीरिक व्याधियों से पीड़ित होकर नाना प्रकार के दुख भोग रहे हैं। रोगी व्यक्ति को अनेकों उप्रचार कराने के बाद भी यदि स्वास्थ्य लाभ न मिलता हो, सांसारिक सुख-समृद्धि प्राप्त करने में यदि आप पिछड़े हुए हैं तो ऐसी अवस्था में "टोटके" द्वारा आप लाभ उठा सकते हैं। टोटके की महाशक्तियाँ रोग- शोक व कष्ट आदि से छुटकारा तो दिलाती ही है साथ ही साथ सुख-समृद्धि, सन्तान और समस्त सफलताएँ भी हासिल कराती है।

मानव जीवन की आवश्यकता और आकांक्षाओं की पूर्ति के अनेक साधनों में

"टोटके" सरल और सुगम साधन है।

"टोटकों"का प्राचीन साहित्य इसकी वैज्ञानिक सत्यता का जीता-जागता प्रमाण है। आधुनिक विज्ञान और तंत्र विज्ञान में समानता होते हुए भी तंत्र में स्थायित्व है, सत्य है और कल्याण है।

लोक कल्याण और आत्म कल्याण की कामना से किए गए "टोटके कर्म! इस लोक और परलोक दोनों में लाभदायी होते हैं।

इस पुस्तक में वर्णित टोटके प्राचीनतम- प्रामाणिक- अनुपलब्ध पुस्तकों से- महान तांत्रिक गुरूओं से प्राप्त कर तथा उन पर पूर्ण शोध करके लिखे गए हैं- जिसकी सत्यता निर्विवाद है।

९. गंडे-ताबीज, टोने-टोटके और यंत्र-मंत्र का "उद्भव काल"

पाठको! गंडे- ताबीज- टोने-टोटके और मंत्रों का "उद्भव काल" अज्ञात है। यूं तो "ऋग्वेद" में वर्णित है कि ये सभी त्रिलोकेश्वर महादेव शिव के मुख से उत्पन्न हुए हैं- परन्तु उद्भव काल अज्ञात है। इसका प्रचलन कब से हुआ तथा टोटके "को सृष्टि में सर्व प्रथम आरम्भ किसने किया यह वेदों में भी वर्णित नहीं है। क्योंकि ऋग्वेद आर्य जाति का विश्व भाषा का सबसे प्राचीन ग्रन्थ है और यंत्र-मंत्र-तंत्र टोटके आदि महाशक्तियों का उसमें अति विकसित वर्णन है। अत: निश्चित ही वेदों के निर्माण से पूर्व ही उपरोक्त तत्वों की उत्पत्ति हो चुकी है।

गंडे- ताबीज- यंत्र-मंत्र व टोने-टोटकों का ज्ञान विश्व के सभी जातियों में किसी न किसी रूप में विद्यमान था और है तथा रहेगा भी कलियुग के प्रारम्भ में यह विद्या अपने चरम विकास पर था। उतना तो अब नहीं है- परन्तु उसका अस्तित्व आज भी सशक्त व विद्यमान है जितना कि पौराणिक काल में था। अंतर मात्र इतना ही है कि पूर्व में प्राय: समस्त ऋषि महर्षि इस विद्या के ज्ञाता थे और अब यह विद्या उंगली पर गिनने लायक सिद्ध प्राप्त मर्मज्ञें के पास ही सीमित रह गया है। टोने-टोटके-यंत्र-मंत्र की शक्ति को आप देख नहीं सकते, केवल उसका

अनुभव कर सकते हैं। इसका निर्दोष प्रयोग अद्भुत प्रभावशाली और चमत्कार पूर्ण होता है। इनमें निहित अदृश्य शक्ति अपने चमत्कार से उन अजेय रहस्यकी- सृष्टि करती है जिसकी व्याख्या कर पाने में "वर्तमान विश्व" प्रगति के चरम शिखर पर आसीन होने के बावजूद भी परास्त हो जाता है।

टोने-टोटके- यंत्र-मंत्रों का "मूल"वेद है जो "ईश्वरीय अवतार" के रूप में हम मानव को प्राप्त हैं।

"गोस्वामी तुलसीदास जी ने राम चरित मानस में कहा है कि कलियुग में जीवों के कष्टों को देखकर, उसे दूर करने के लिए, जगहित की करूण कामना से प्रेरित होर श्री उमा महेश्वर ने यंत्र-मंत्र व टोने-टोटकों की सृष्टि की।" टोने-टोटके आदि की शक्तियों का "चारों वेद" स्वत: प्रमाण है। इनको

किसी से प्रमाणित होने की आवश्यकता नहीं। यह "अधर्ववेद"का रहस्य है। आज इसका महत्व है कि इसका प्रयोग और परीक्षण सही विधि से अर्थात् इस पुस्तक में दर्शाए गए नियमों के अनुसार करने की जरूरत है। टोटके विज्ञान अपने में अद्भुत एवं विशाल महा- शक्तियों से सम्पन्न है, इसमें प्रकृति के वे सभी गूढ़ तत्व निहित हैं- जिनमें मानव जीवन की पूर्णता एवं प्रकृति का रहस्य छिपा हुआ है।

10. टोटके साधकों के लिए आवश्यक निर्देश

पाठको! टोटके साधना के प्रत्येक साधक को निम्नलिखित बातें सदैव स्मरण रखनी चाहिए -

1. प्रत्येक टोटके की साधना की सिद्धि साधक के आचरण पर निर्भर करती है। मन-वचन तथा कर्म से पवित्र- विश्वासी, श्रद्धालु- परोपकारी एवं| विवेकी साधक ही टोटके साधना को सिद्धि में सफलता श्राप्त कर पाते हैं।

2. काम- क्रोध- मद्- लोभ- मोह एवं दूसरों को हानि पहुँचाने के उद्येश्य से टोटकों का प्रयोग नहीं करना चाहिए।

3. टोटकों की साधना में सफलता प्राप्ति के लिए किसी टोटके प्रख्यात गुरु का मार्ग दर्शन प्राप्त करना आवश्यक होता है। ध्यान रखें, सामान्य टोटकों का प्रयोग तो अध्ययन एवं अभ्यास से ही सिद्ध हो जाते हैं। परन्तु| जन्मपत्री ग्रहों के योगायोग निष्कर्ष वाले टोटकों का प्रयोग करने के लिए किसी सुयोग्य चर का शिष्यत्व ग्रहण करना चाहिए। इसके लिए आप पंडित वाई.एन. झा के कार्यालय से सम्पर्क कर सकते हैं।

4. धर्म नीति- सत्य- न्याय- सदाचार- नैतिकता एवं कानून के विरुद्ध टोटकों का प्रयोग भूल से भी नहीं करना चाहिए।

5. टोटके साधक अपने धर्म के प्रति सम्पूर्ण निष्ठावान हो वे अपने धर्म के है: असूलों को मानने वाला हो।

6. व्यभिचार तथा दुष्कर्म आदि से दूर रहें।

7. चुगली- ईर्ष्या- क्रोध- बदले की भावना और तमाम बुरी बातों से तौबा करें।

8. गरीब एवं मोहताजों के साथ नेक सलूक करें तथा दान-पुष्प से हाथ न रोकें।

9. पुस्तक के नियमों के अनुसार ही टोटकों का प्रयोग करें।

10. सामान्य टोटकों का प्रयोग पुस्तकों को ढ़कर करें किन्तु जटिल समस्याओं के निदान हेतु - "सिद्ध उरु रक्षा कबच यंत्र" गले में धारण करके ही टोटकों का प्रयोग करें। बिना "सिद्ध गुरु रक्षा कवच यंत्र" धारण किए यदि आप किसी जटिल टोटके का प्रयोग करते हैं और उसमें यदि किसी प्रकार की हानि का सामना करना पड़ता है तो उसकी जिम्मेदारी आपकी होगी- लेखक और प्रकाशक का नहीं।

11. टोटके करने के दिनों में लड़ाई-झगड़ों से परहेज करना आवश्यक समझें।

12. टोटके करने के दिनों में ऐसी कोई हरकत आप नहीं करें, जिसके कारण किसी के दिल पे ठेस पहुँचे।

13. टोटके करने वाले दिन यदि कोई याचक आपके दरवाजे पर आकर याचना करे (कुछ मांगे) तो उसे निराश नहीं लौटाना चाहिए।

14. जिस टोटके में जानवरों की हड्डियाँ एवं उसके अंगों का प्रयोग न होता हो और वह टोटके "वैष्णवी "हो तो चमड़े के जूते चप्पल आदि पहनकर टोटके का प्रयोग नहीं करें।

15. टोटके करने की अवधि में जो भी शुभ काम किए जा सकते हो- उन्हें अवश्य करते रहना चाहिए।

नोट:- पाठको! यदि उपरोक्त नियमों का पालन नहीं करेंगे तो टोटके की अवधि में किया गया परिश्रम व्यर्थ हो जायगा तथा मनोभिलाषा की पूर्ति नहीं हो पाएगी- परन्तु यदि उपरोक्त हिदायतों का पूरा-पूरा पालन करेंगे तो परमात्मा की कृपा से कामयाबी जरूर हासिल होगी।

कभी-कभी ऐसा भी होता है कि किसी टोटके को करने के बावजूद भी सफलता नहीं मिल पाती। ऐसी स्थिति में टोटके करने वाले को यह देखना चाहिए कि जिन नियमों का पालन करने की हिदायत दी गई है, उनमें कौन सी त्रुटि रह गई। जब वह त्रुटि पकड़ में आ जाय, तब उसका निराकरण करते हुए दुबारा टोटके आरम्भ करना चाहिए तो उसमें सफलता मिलने की पूर्ण सम्भावना बनेगी।

यदि दूसरी बार भी असफलता हाथ लगे तो निराश न हों क्योंकि टोटके और यंत्र-मंत्र की दिव्य शक्तियों को हासिल करना कोई खेल नहीं दूसरी असफलता के कारणों का भी पता लगाना चाहिए, क्योंकि बिना कोई कभी रहे असफलता मिलने का सवाल ही नहीं उठता।

हमारी पूर्व लिखी हुई पुस्तक "यंत्र-मंत्र-तंत्र द्वारा भाग्य बदलिए" एवं "विपत्तिनाशक टोटके"से हजारों लोगों ने सफलताएँ हासिल की है। हमारे द्वारा रिसर्च किए गए यंत्रों से टोटकों से संसार का कोना-कोना लाभान्वित हो रहा है- उन लोगों ने हमें सूचित किया और कई साधक टोटके और यंत्र-मंत्र की साधना में असफल भी हुए- उनकी भी सूचना हमें मिली। परन्तु मैंने उन्हें निराश नहीं होने दिया- उन्हें पुन: पुन: टोटके करते रहने की साधना करते रहने की सलाह दिए और उन्होंने किया, अन्तत: उन सबको भी सफलताएँ मिली।

कहने का तात्पर्य यह है कि किसी त्रुटि के कारण एक बार असफलता मिलने है पर प्रयोग बन्द नहीं कर देना चाहिए, अपितु हिम्मत, श्रद्धा व गुरु की आज्ञा व विश्वास के साथ उसे बार-बार दुहराना चाहिए। पूर्ण आत्म-विश्वास एवं श्रद्धा के साथ तथा नियमों का पालन करते हुए जो टोटके करता है उसे सफलता मिलने में कोई सन्देह नहीं रहता। "इल्तजा कभी नाकाम नहीं होती।" यदि मकसद में नाकामी हुई तो समझ लेना चाहिए कि आपकी कोई गलती है, क्योंकि इन्सान से अक्सर भूल हो जाया करती है।

11. टोटके आरम्भ से पूर्व योग्यता आत्म मंथन

पाठको! टोटके आरम्भ करने से पूर्व टोटके साधक को अपनी "योग्यता"पर दृष्टिपात करना अति आवश्यक है। यदि अपने अन्दर कोई कमियां अर्थात् त्रुटि ब् दिखाई दे तो उन्हें दूर कर लेना चाहिए। क्योंकि किसी काम को शुरु करने से पहले ही जो इन्सान अपनी खामियों और कमजोरियों पर नजर डालता है और

उन्हें दूर कर देता है तो उसका दिल बेखोफ हो जाता है और उसे ही अपने लक्ष्य) में सफलता हासिल होती है। अत: टोटके साधक के लिए यह आवश्यक है कि हे वह टोटके आरम्भ करने से पूर्व अंसूलों और नियमों का पाबन्ध हो।

प्राय देखने में यह आता है कि टोटके के शौकीन लोग आवश्यक नियमों का पालन तो करते नहीं हैं- अपनी सुविधानुसार जैसा चाहते हैं, वैसा करना

आरम्भ कर देते हैं। इसका परिणाम यह होता है कि वे अपने उद्देश्य में सफल नहीं हो पाते और उनका सम्पूर्ण परिश्रम व्यर्थ चला जाता है। इस प्रकार अपनी ही गलती की वे हानि उठाते हैं। यदि सही तरीके से नियमों का पालन किया जाये तो उनकी मेहनत बर्बाद नहीं होगी और प्रथम बार ही सफलता उनकी चरण चूमेगी।

अत: टोटकों के सिलसिले में टोटके करने वालों के लिए जो नियम अथक परिश्रम तथा अनुभवों के बाद मैंने निश्चित किए हैं, उन नियमों का पालन करना निहायत जरूरी है।यह किताबी बातें नहीं लिख रहा हूँ बल्कि अनेकानेक टोटकों व यंत्र-मंत्र सिद्धियों का अनुभव लिख रहा हूँ- जिन्हें स्वयं पर लागू करके सफलताओं की उच्च शिखर पर पहुँच चुका है।

पाठको! अब हम उन चमत्कारी टोटकों का ज्ञान दर्शन कराने जा रहा हूँ- जिसे अपनाकर आप समस्त बाधाओं से मुक्त होकर सफलता के उच्च शिखर पर नि:सन्देह पहुँच जायेंगे।

- II -

बिना जन्म पत्रिका वालों के लिए विभिन्न प्रकार के सरल, नवीन, चमत्कारी टोटके खण्ड

12. धन प्राप्ति के सरल, सुगम, अनुसंधानित चमत्कारी टोटके

अति सरल तांत्रिक टोटके
(स्वयं मेरे द्वारा रिसर्च)

पाठकों! संसार का प्रत्येक मनुष्य चाहे वह किसी भी जाति- धर्म व संप्रदाय का क्यों न हो, "धनवान"बनने की प्रबल इच्छा- उसके हदय में प्रतिपल- प्रतिक्षण विद्यमान रहती है। शास्त्रों में चार पुरुषार्थ कहे गये हैं -" धर्म- अर्थ- काम और मोक्ष| धर्म को अर्थ खा गयां काम अर्थ में तिरोहित हो गया। मोक्ष को किसी को इच्छा नहीं है। अत: ले देकर केवल "अर्थ" ही रह गया जिस पर गरीब- अमीर- रोगी- भोगी और योगी सभी का ध्यान केन्द्रित है। क्योंकि धन के बिना कोई भी कार्य सफल नहीं माना जाता। "धर्म" भी बिना धन के एक प्रकार से अधूरा ही माना गया है।

हर मनुष्य कौ कामना रहती है कि वह अधिक से अधिक धनार्जन (धन का अर्जन) करे। परन्तु धन का अर्जन तो "माता लक्ष्मी" को प्रसन्न करके ही किया जा सकता है। माता लक्ष्मी को प्रसन्न करने हेतु "वैदिक, यांत्रिक, मांत्रिक के बावजूद भी हताशा का सामना करना पड़ता है।

इन्हीं समस्याओं के समाधान हेतु ऋषि-महर्षियों द्वारा वर्णित वैदिक पौराणिक "धन प्राप्ति के टोटके" नवीन रूप से अनुसंधारित कर इन शीर्षक में वर्णन करने जा रहा हूँ।

जिस मनुष्य के पास "जन्म पत्रिका" नहीं है और उन्हें यह ज्ञात नहीं हो रहा है कि किस ग्रहों की अनिष्ट दशा के कारण हम निर्धन हैं-धनवान नहीं बन पा रहे हैं- ऋण ग्रस्त हैं- व्यवसाय प्रगति नहीं कर रही है या व्यवसाय घाटे पर चल रही है- तो ऐसे मानव नीचे लिखित सरल: अति चमत्कारिक टोटकों का प्रयोग कर धन प्राप्ति के साधन प्रशस्थ करें।

पाठकों! नीचे लिखित सभी टोटकों को करने की आवश्यकता नहीं- केवल दो या तीन सरल टोटके चुन लें और नियमानुसार करें तो आप देखेंगे कि आपके लिए समस्त सुखों का दरवाजा खोल देगा।

हमारा "रिसर्च" है- आप आजमाकर देखें।

13. धन प्राप्ति हेतु शंखासुर तंत्र टोटके

1. नित्य प्रात: काल स्नान से पवित्र होकर, शंख में जल भरकर तुलसी वृक्षके मूल में वह जल चढ़ावें, साथ ही वहाँ पर एक अगरबत्ती जलाकर प्रणाम करें और एक तुलसी पत्र तोडकर डकर प्रसाद समझकर मुख में डाल लें।

2. लक्ष्मी जी तस्वीर या मूर्ति के दोनों पैर शंख में जल भरकर धोएँ और उनके समक्ष एक अगरबत्ती जलाकर नमस्कार कर लें।

3. दक्षिणवर्ती शंख" पूजा स्थल पर स्थापित कर नित्य सुबह-शाम धूप-दीप दिखानें।

14. धन प्राप्ति हेतु / अडार तंत्र टोटके

निर्धनता निवारण और लक्ष्मी प्राप्ति के लिए यह "अडार तंत्र टोटके" अति सरल किन्तु महान प्रभावशाली है। यह टोटके घर की स्त्रियों द्वारा करने का विधान तंत्र शास्त्र में वर्णित है। जिस घर में स्त्री न हो, वहाँ पुरुष भी यह टोटके कर सकते हैं।

सायंकाल घर में जितने भी बल्ब- ट्यूब लाईट या लालटेन- चिमनी-कुप्पी-दीपक आदि हों उन सबको 10&15 मिनट के लिए जला दें। उस समय घर के किसी कोने में अंधेरा न रहे। बाद में अन्य प्रकाश -यंत्रों को बुझाकर आवश्यकता के अनुसार बल्बों का ट्यूब लाईटों को जले रहने दें। यह कार्य करते रहने से थोड़े ही दिनों में माता लक्ष्मी की दया बरसने लगेगी।

15. अपार धन प्राप्ति हेतु "दुर्वा तंत्र" टोटके

दूर्वा अर्थात् दूब (दुभरी) एक विशेष प्रकार की घास है। आयुर्वेद तंत्र और अध्यात्म में इसकी, बड़ी महिमां बताई गई है। देव-पूजा में भी इसका प्रयोग अनिवार्य रूप से होता है। गणेश जी को यह बहुत प्रिय है।

साधक शुभ-मुहूर्त में बुधवार के दिन यह टोटके आरम्भ करे। प्रात: काल स्नान से पवित्र होकर श्री गणेश जी तस्वीर के समक्ष धूप-दीप जगावें। गुड़ का प्रसाद चढ़ावें और 108 दूब के टुकड़े गणेश जी के चरणों में समर्पित

करें। यह क्रिया 41 दिन लगार करें। इसके बाद द्रव्य उपार्जन के कार्य से कहीं जाएं तो प्रतिमा पर अर्पित दुर्वादलों में से 9 दुर्बादल प्रसाद स्वरूप लाल कपड़े में लपेट कर जेब में रख लें। यह दुर्वातंत्र धनोपार्जन एवं कार्य सिद्धि की अद्भुत कुंजी है।

16. बेसुमार दौलत हासिल कराने वाला "हरिद्रा तंत्र" टोटका

"हरिद्रा" का प्रचलित नाम "हल्दी" है।" हरिद्रा" (हल्दी) कई प्रकार की होती है। एक हल्दी खाने के काम में नहीं आती, पर चोट लगने और दूसरे औषधिय गुणों में उसे महत्व दिया जाता है। ये रंग में सभी पीली होती हैं और पवित्रता का तत्व सभी में होता है। हमारे दैनिक प्रयोग में आने वाली हल्दी पीली (बसन्ती) और लाल (नारंगी) दो की होती है। यद्यपि यह वर्ण भेद बहुत सूक्ष्म होता है- सामान्य दृष्टि में वह पीली ही दीख पड़ती है। इसी में कोई -कोई गांठ काले रंग की निकल आती है। यदि किसी को यह काली हल्दी की गांठ प्राप्त हो जाए तो समझना चाहिए कि लक्ष्मी प्राप्ति का एक श्रेष्ठ तांत्रिक दैवी-साधन मिल गया।

प्रयोग विधि:- प्रातः काल (शुभ मुहूर्त के शनिवार के दिन) स्नान से पवित्र होकर- काले हल्दी की गांठ को पीले अक्षत (पीले चावल) एवं एक सिक्के के साथ पीले कपड़े में बांधकर पूजा स्थल पर रखें और सुबह-शाम उनके समक्ष धूप-दीप जलाकर नमस्कार करें। इसे व्यापारी लोग अपने गल्ले, कैश बॉक्स या तिजौरी में रखकर भी नित्य धूप-दीप दिखा सकते हैं तो आश्चर्यजनक अर्थ लाभ होने लगता है।

यह "हरिद्रा" स्थापित करने वाले व्यक्ति को मूली- गाजर व जिमी कम्द (सूरन) खाना वर्जित है।

17. रूठी लक्ष्मी को पुनः घर वापस लाने हेतु नैवेद्य तंत्र टोटके

रूठी लक्ष्मी को पुनः घर वापस लाने हेतु यह एक अति सरल तंत्र टोटके है। यह टोटके किसी भी महीने के शुक्लपक्ष के प्रथम दिन की रात्रि से आरम्भ कर पूर्णिमा की रात्रि (लगातार 5 रात्रि) तक करें। इस टोटके की साधना इस प्रकार करें - सायंकाल चन्द्रमा को धूप-दीप दिखाकर श्वेत पदार्थ (खीर दही- दूध या खोए की बर्फी अथवा बताशे) का नैवेद्य अर्पित करें। नैवेद्य के

पास ही अगरबत्ती व गाय के घी का दीपक जलाकर रख दें। यह क्रिया ऐसे स्थान पर की जानी चाहिए- जहाँ चन्द्रमा की किरणें आ रही हो। झरोखा, जीना अथवा छत पर जहाँ चांदनी हो, वही नैवेद्य आदि रखें। अन्धेरे में अथवा चन्द्रमा के परोक्ष स्थान पर रखने से टोटके निष्फल हो जाता है।

नियमानुसार की गयी यह साधना लगातार 15 रात्रि रखने से व्यवसायी- उद्यमी- राज्य कर्मचारी एवं सामान्य लोगों के घर से रूठ कर गयी लक्ष्मी पुन: वापस चली आती हैं, बंद होने पर जो उद्योग हो उसमें भी चार चाँद लग जाते हैं।

18. धन प्राप्ति के अचूक साधन, मार्जारी (बिल्ली) नाल टोटके

बिल्ली नाल प्राप्त करने की विधि:- पाठकों! "मार्जारी बिल्ली को कहते हैं। जब पालतू बिल्ली का "प्रसव काल" निकट हो- उसके लिए रहने और खाने की ऐसी व्यवस्था करें कि वह आपके कमरे में ही रहे। यह कुछ कठिन कार्य नहीं है-प्रेम पूर्वक पाली गई बिल्लियाँ तो कुर्सी, बिस्तरे और गोद तक में- बराबर मालिक के पास में बैठी रहती हैं। उस पर बराबर निगाह रखें। जिस समय वह बच्चे को जन्म दे रही हो, सावधानी से उसकी रखवाली करें। बच्चों के जन्म के तुरंत बाद ही उसके पेट से "नाल" (झिल्ली) निकलती है और स्वभावत: तुरंत ही उसे बिल्ली खा जाती है। बहुत कम लोग ही उसे प्राप्त कर पाते हैं।

अतः उपाय यह है कि जैसे ही बिल्ली के पेट से नाल बाहर आए, उस पर कपड़ा ढक दें। ढके जाने पर उसे तुरंत खा नहीं सकेगी। चूंकि प्रसव-पीड़ा के कारण वह कुछ शिथिल भी रहती है, इसलिए तेजी से झपट नहीं सकती। जैसे भी हो- प्रसव के बाद उसकी "नाल" उठा लेनी चाहिए। फिर उसे धूप में सुखाकर प्रयोजनीय रूप दिया जाता है। धूप में सुखाते समय भी उसकी रखवाली में सर्तकता आवश्यक है। अन्यथा कौआ, चील, कुत्ता आदि कोई भी उसे उठाकर ले जा सकता है। तेज धूप में दो-तीन दिन रखने से वह चमड़े की तरह सूख जाएगी। सूख जानें पर उसके चौकोर टुकड़े (दो या तीन वर्ग इंच के या जैसे भी सुविधा हो) कर लें और उन पर हल्दी लगाकर रख दें। हल्दी का चूर्ण अथवा लेप कुछ भी लगाया जा सकता है। इस प्रकार हल्दी लगाया हुआ "बिल्ली की नाल" का टुकड़ा धन प्राप्ति का अचूक साधन है।

बिल्ली (मार्जारी) नाल टोटके प्रयोग विधि:- यह तांत्रिक टोटके साधना के लिए किसी शुभ-मुहूर्त में स्नान करके काले कम्बल के आसन पर पवित्र

स्थान में बैठ जाएं और हल्दी लगा हुआ बिल्ली नाल का टुकड़ा बाएँ हाथ में लेकर मुट्ठी बंद कर लें और रूपयों अथवा सोने-चांदी आदि के ढेर (प्रयाप्त भंडार) का ध्यान करते हुए 54 बार यह मंत्र पढ़ें - "मर्जबान उल किस्ता" इसके पश्चात् उसे मस्तक से लगाकर अपने सन्दूक, तिजौरी, कैश बॉक्स या जहाँ भी रूपये पैसे या जेबर हों- रख दें। कुछ ही समय बाद आपके घर में आश्चर्यजनक रूप से धन-सम्पत्ति की वृद्धि टोने लगेगी, जिससे आप चकित हो उठेंगे।

19. धन प्रदायक अश्व जिड़ना तंत्र टोटके

पाठकों! घोड़ी की शारीरिक संरचना में कुछ ऐसा वैचित्र्य है कि प्रसव के समय उसकी जीभ का अग्र भाग (छोटा सा टुकड़ा) अपने आप गिर जाता है। यह धन प्राप्ति हेतु अति चमत्कारी वस्तु है। बिल्ली की तरह ही लगातार देखभाल की जाय तो प्रसव के समय उसके मुख से गिरी हुई जीभ प्राप्त हो जाती है। विचित्र बात यह है कि घोड़ी के मुख से जीभ गिरने के बाद उसे फिर नई जीभ आ जाती है। बिल्ली की नाल की तरह ही उसे भी सुखाकर और हल्दी लगाकर रख देना चाहिए। फिर किसी भी शुभ मुहूर्त में उस जीभ को धूप-दीप दिखाकर, लक्ष्मी जी का ध्यान करते हुए बटुए, कैश बॉक्स, तिजौरी, सन्दूर आदि में रखने से धन-धान्य में भरपूर वृद्धि होने लगती है।

20. महान सम्पत्तिदायक अश्व नाल टोटके

नाखून और तलवे की रक्षा के लिए प्रायः घोड़े के पैर में "लोहे की नाल" जड़वा देते हैं- क्योंकि उन्हें प्रतिदिन पक्की सड़कों पर दौड़ना होता है। यह नाल भी बहुत प्रधावी होती है। दरिद्रता निवारण के लिए और अपार सम्पत्ति प्राप्ति हेतु इसका प्रयोग अनेक प्राचीन ग्रन्थों में वर्णित है।

"शास्त्रों के अनुसार "घोड़े की नाल तभी प्रयोजनीय होती है- जब वह अपने आप घोड़े की पैर से उखड़कर गिरी हो और शनिवार के दिन किसी को प्राप्त हो।

मेरा रिसर्च - परन्तु मैंने शनिवार के दिन काले घोड़े की नाल पैर से निकलाकर नीचे लिखित विधि से स्वयं प्रयोग किए और देश-विदेशों में अनेकों को प्रयोग करने हेतु दिए तो परिणाम अति चमत्कारी प्राप्त हुआ,

जिससे हिन्दुस्तानी तो क्या इंग्लैंड- अमेरिका, ब्राजील, फ्रांस और इटली के अंग्रेज भी चकित हो गए और वे मान गए कि "भारतीय" टोटकों में विस्मित करने वाली चमत्कारी गुण है। टोटके इस प्रकार है:-

21. घोड़े की नाल प्राप्त करने की विधि

पाठकों! शनिवार के दिन घोड़े की नाल कहीं रास्ते में मिल जाय, अथवा किसी घोड़े वाले से जब नाल शनिवार के दिन प्राप्त करना चाहें तो उसे अपने हाथ में लेते समय (उठाते समय) "Å¡"श्री शनि देवाय नम:" मंत्र का उच्चारण सात बार करें।

शनिवार को इस प्रकार प्राप्त नाल लाकर घर में न रखें। उसे बाहर ही कहीं सुरक्षित छिपा दें। दूसरे दिन रविवार को उसे सुनार के पास ले जाएं और उसमें से एक टुकड़ा कटवाकर उसमें थोड़ा तांबा मिलवा दे। ऐसी मिश्रित धातु (लौह-ताम्र) को अंगूठी बनवाएं और उसपर नगीने के स्थान पर "शिवमस्तु" अंकित करा लें। इसके पश्चात् उसे घर लाकर नए नीले वस्त्र में लपेट कर घर की पूजा स्थल पर सुरक्षित रख दें।

एक सप्ताह के बाद अगले शनिवार को "शनिदेव का व्रत- रखें। संध्या समय पीपल वृक्ष के नीचे सरसों तेल का दीपक जलावें- सुगन्धित अगरबत्ती जलावें। इसके बाद अंगूठी को नीले वस्त्र में लपेट कर पीपल की जड़ के पास रखें। अंगूठी के ऊपर गंगाजल, बिल्वपत्र, काले तिल, काला या नीला क्रमश: चढ़ावें। फिर सुगन्धित अगरबत्ती व दीपक दिखावें। इसके बाद प्रणाम कर अंगूठी को दाहिने हाथ की अंगूठे से तीसरी उँगली में धारण कर लें। उस दिन संध्या के समय उड़द दाल को खिचड़ी (काले तिल दो चार दाने डालकर) भोजन करें। भोजन एक समय शाम को ही करें- दिन में व्रत रखें।

इसके बाद सात शनिवार व्रत रखकर, शाम को पीपल वृक्ष के नीचे धूप दीप जगाकर मात्र दो मिनट ही "Å¡ शनि देवाय नम" मंत्र का जप जरूर करें। दो मिनट कम से कम है अधिकतम की सीमा नहीं।

पाठकों उपरोक्त विधि से धारण की हुई मुद्रिका को "साक्षात शनिदेव" ही समझना चाहिए। इसके धारक को बहुत थोड़े समय में ही धन-धान्य की सम्पन्नता प्राप्त हो जाती है। दरिद्रता का निवारण रोग निवारण तथा घर में बैभव सम्पत्ति का संग्रह करने में यह अंगूठी चमत्कारी प्रभाव दिखलाती है।

मेरे परम प्यारे पाठकों! मैं उपरोक्त तांत्रिक टोटकों से भी अलग अनेकानेक सरल टोटकों का ज्ञान-दर्शन कराऊँगा, परन्तु उससे पूर्व एक ऐसे अनोखे

"धन प्राप्ति के टोटके" लिख रहा हूँ- जो टोटके करने से मनुष्य को "महान धनवान" बनने से कोई रोक ही नहीं सकता।

यह "टोटका"सेरा रिसर्च है- अनुसंधान है और उसी टोटके से मैं महान व धनवान बना हूँ।

22. धन प्राप्ति के परम अद्रत टोटके

(स्वयं द्वारा अनुसंधानित)

एक लगाओ, सौ पाओ,

इस जुए का मेल नहीं।

सचमुच कहता हूँ प्यारे,

कोई "टिकट" फेल नहीं।

प्यारे मेरे पाठकों! आप सोचने लगे होंगे कि पंडित जी "जुए-सट्टों" के प्रचारक तो नहीं हो गए। नहीं मेरे दोस्तो- जुए सट्टों से उपरोक्त शब्दों का सम्बन्ध नहीं है। उपरोक्त शब्दों का सम्बन्ध है "दान से" "दान" धर्म का एक मुख्य अंग है। दान का अर्थ है देना। जो कुछ भगवान ने दिया है- उसका कुछ भाग दूसरों की भलाई के लिए खर्च करना। उसमें भी यदि जर्जर धार्मिक - धर्म स्थलों के पुनरूत्थान या नवीन धर्म स्थलों के निर्माण कार्य में - धन खर्च करें तो आपके धनों में अपार वृद्धि होगी।

इसका उदाहरण स्वयं मैं हूँ। बचपन में एक किताब में पढ़ा था -

तुलसी पक्षी के पिए, घटे न सरिता नीर।
धर्म (दान) किए धन न घटे जौं शहाय रघुबीर ॥

उपरोक्त शब्दों का मैंने "अनुसंधान" आरम्भ किए। अपने जन्म स्थान ग्राम जहाँगीर पुर बैसी के "दक्षिणा श्मशान काली शक्तिपीठ" जहाँ माँ सती की जिद्हदा के अर्ध भाग का टुकड़ा (गिरा) निपतित हुआ था) नवगछिया - भागलपुर (बिहार) के प्रांगण में मात्र 300 रूपये में एक तुलसी स्तम्भ बनाए कि तभी मुझे नेपाल नरेश (काठमाण्डु) राज भवन की लाइब्रेरी में ऋषि-महर्षियों की भोजपत्र पर लिखी हुई मूल प्रतियाँ पढ़ने का आमंत्रण

प्राप्त हुआ और वहाँ जाकर मैंने अनेकानेक मूल आध्यात्मिक ग्रन्थों का अध्ययन किया।

"दान" की प्रवित्ति मुझमें और जगी। आते ही मैंने मंदिर का जीर्णों द्वार- आने-जाने बाले श्रद्धालुओं को बैठने हेतु छोटी-छोटी बेंचे बनवाएं, धर्मशालाएँ बने, चापाकल लगवाये तो मेरे धन में, यश-मान-प्रतिष्ठा विश्व में फैल गयी। क्योंकि मैंने अतिगोपनीय से गोपनीय ऋषि-महर्षियों की भोजपत्र पर लिखी हुई आध्यात्मिक ग्रन्थों- पुराणों- वेदों शास्त्रों का गूढ़ अध्ययन कर- उसे पुस्तक रूप में "अमित पाकेट बुक्स "जालंधर सिटी से प्रकाशित कराकर विश्व-समुदाय को समर्पित किए। यह सब देन "दान" का ही है।

वर्तमान समय में मात्र अपनी कमाई से ही उसी स्थान पर 08 फूट ऊँचा विशाल, मनोहर, मन भावन- "शिवालय" का निर्माण कराया हूँ- जो बिहार राज्य का आध्यात्मिक गौरव है, अर्थात् सम्पूर्ण बिहार में इतना सर्वश्रेष्ठ मनमोहक शिव मंदिर है ही नहीं।

इतना विशाल मंदिर मेरे हाथों से कैसे बन गया पता नहीं। आप भी अपने मन की भावना बनावें। यदि सौ रूपये कमाएँ तो मात्र एक रूपये भी "दान" अवश्य कीजिए। दान करने से धन में अपार वृद्धि होती है।

23. धन प्राप्ति हेतु "लाल किताब" के 18 टोटके

पाठकों! "लाल किताब के टोटके" असुरेश्वर "रावण" द्वारा रचित है। इन टोटकों का ज्ञान उन्हें भगवान सूर्य के रथ के सारथी भगवान अरूण देव से प्राप्तहुआ था। निर्बलों- निर्धनों को धन प्राप्त करने हेतु जो अद्भुत टोटके उन्होंने _ बताए थे- वो इस प्रकार है:-

1. बुधवार के दिन प्रात: काल स्नान से पवित्र होकर, हरे कपड़े (नवीन कपड़े) में पाँच किलो या पाँच पाव अथवा 5 मुट्ठी साबुत मूंग के दाने बाँधकर बहती दरिया के किनारे जाएँ और पोटली का गांठ खोलकर कपड़े सहित जल में प्रवाहित कर दें। तत्पश्चात् "बुध ग्रह" का ध्यान कर नमस्कार करके वापस आ जाएँ।

2. नववर्ष के प्रथम वृहस्पतिवार को नौ की संख्या में केले, नौ मंदिर में चढ़ाकर- बच्चों में बाँट दें। इसमें वर्ष भर धन प्राप्ति के मार्ग अग्रसर होते रहेंगे।

3. सिद्ध किया हुआ "श्री गणेश यंत्र" पूजा स्थल पर स्थापित करें। ऋद्धि- सिद्धि आपकी दासी बनी रहेगी।

4. नौ बृहस्पतिवार को गुड़ बहती दरिया में बहानवें।

5. जब भी कोई इन्पावटेंट कार्य करने हेतु घर से जाने लगें तो थोड़ा सा गुड़ खाकर पानी पी लें, तभी घर से बाहर निकलें।

6. दादा-दादी, माता-पिता का आशीर्वाद प्राप्त करने हेतु प्रात: काल उनके चरणों का स्पर्श किया करें

7. कौओं या काले कुत्ते को नित्य ही मीठी रोटी खिलावें। यह कार्य शनिवार से आरम्भ करें।

8. मांस-मदिरा व पराई स्त्री का सेवन नहीं करें।

9. घर में तोता पालें।

10. घर में काली गाय का पालन-पोषण करें।

11. तॉबे की गड़वी (लोटा) में गंगाजल भरकर उसमें 5 सिक्के और 5 "सिद्ध रूद्राक्ष" के दाने डालकर उसके मुख पर ढक्कन लगाकर घर में रखें तो धन का अम्बार लगने लगेगा।

12. काला कुत्ता पालें और उसके सुख-सुविधाओं का पूर्ण ख्याल रखें।

13. घर में रखे अस्त्र-शस्त्र में जंग न लगने पावे, इसके लिए इसे समय-समयपर खासकर मंगलवार को अच्छी तरह से सफाई करें।

14. बंदरों को भूने हुए चने अथवा फल खिलाएं। इससे श्री हनुमान जी अति प्रसन्न होते हैं और उनकी मनोकामना शीघ्र ही पूर्ण कर देते हैं।

15. व्यवसाय सम्बन्धी पत्र व्यबहारं करते समय उस पत्र पर हल्दी अथवा केसर के छींटे लगा दिया करें।

16. नववर्ष के प्रथम वृहस्पतिवार को 9 मुट्टी या 9 पाव अथवा 9 किलो चने की दाल पीले कपड़े में बाँधकर मंदिर में चढ़ावें।

17. पीले फल हर बृहस्पतिवार को दान किया करें।

जड़ी-बूटियों द्वारा धन प्राप्ति के। 16 अति-सरल टोटके

पाठकों! जड़ी बूटियों अर्थात् वनस्पत्तियों ने भी अपने गर्भ में मानव कल्याण के लिए समस्त कल्याणकारी गुण समाई हुई हैं। जरूरत है इनके गुणों को जानने परखने एवं व्यवहार में लाकर इनसे लाभ उठाने की।

"रावण संहिता" के छठे खण्ड में वनस्पतियों की महिमा का वर्णन करते हुए रावण ने अपनी पत्नी "मंदोदरी" से कहा है -

(रावण उवाच)

दिव्यौ वनस्पतिनां कथित: प्रकल्प: प्रीतया तया।

तमहें सम्प्र वक्ष्यामि शृणुष्वा-वहिता प्रिये ॥

श्रृणु धनप्रदात्री: वनस्पति महिमा प्रियत्मे ॥

भावार्थ:- श्री महाराज रावण ने कहा - प्रिय मन्दोदरी! माँ पार्वती ने जिन वनस्पतियों के कल्प की महिमा के बारे में मुझे बताया है, वह मैं तुम्हें बताता हूँ। ध्यान पूर्वक श्रवण करना। सर्व प्रथम उन वनस्पति के गुण को बताता हूँ - जो धन प्राप्त कराने में परम लाभकारी है।

1. "मृगशिरा नक्षत्र वाले दिन केले पत्ते का एक छोटा सा टुकड़ा पीले कपड़े में लपेट कर- ताबीज की तरह बनाकर- पीले डोरे में गले या बाजू में धारण करने से धन प्राप्ति के अवसर प्राप्त होते हैं। इस प्रयोग से व्यक्ति मान-सम्मान, यश-प्रतिष्ठा भी भरपूर प्राप्त करता है।

2. "अश्लेषा नक्षत्र" में बरगद (वट वृक्ष) का पत्ता लाकर तिजौरी कैश बॉक्स अथवा रूपये पैसे रखने वाले स्थान में लाल वस्त्र में लपेटकर रखने से धन घर में भरा रहता है और खजाना कभी खाली नहीं होता। इसे अन्न के भंडार में रखने से घर में अन्न की कमी कभी नहीं होती है।

3. "शतभिषा नक्षत्र" में लाल रंग वाली "घुंघची की जड़" लाकर हाथ में या गले में धारण करने से धन वृद्धि के साथ-साथ समस्त कार्यों में भी सफलता मिलती है।

4. माता लक्ष्मी के तस्वीर या मूर्ति के समक्ष 41 दिन "आँवला फल' प्रसाद रूप में चढ़ावें और लगातार 4 दिन आँवला वृक्ष के मूल (जड़) में जल चढ़ावें।

5. घर को पूजा स्थल में सोमवार के दिन "एकाक्षी" नारियल स्थापित करें।

6. सूर्य ग्रहण या चन्द्र ग्रहण के समय शंख पुष्पी की जड़ उखाडइकर- घर की पूजा स्थल में अर्पित रखने से धन में पूर्ण वृद्धि होती है और धन प्राप्ति के अवसर प्राप्त होते हैं।

7. जिस वृक्ष पर चमगादड़ों का स्थाई निवास हो, उस वृक्ष की एक छोटी सी टहनी तोड़कर (रविवार को) अपनी गद्दी के नीचे लाल कपडे डे में

बाँधकर रखें अथवां कुर्सी के नीचे लाल कपड़े में लपेट कर बाँध दें तो व्यवसाय में वृद्धि होगी और धन बढ़ेगा।

8. अशोक- पीपल- अनार- वट- गूलर- आम- बरगद आदि वृक्षों में यदि "बलझौंडी" बांदा मिल जाय तो उस बलझौंड़ी को किसी शुभ मुहूर्त में आमंत्रित करके लाकर धन स्थान में रखने से धन में वृद्धि होती है।

9. घर में एक तुलसी का पौधा लगाएं और प्रातः काल स्नान से पवित्र होकर उसमें जल डालें और सुगन्धित अगरबत्ती जलाकर दिखानवें। शाम को भी उसके पास दीपक और अगरबत्ती जलावें।

10. पीपल वृक्ष की जड़ में नित्य ही दूध एवं शवकर (गुड़) मिश्रित जल चढ़ाएं।

11. दरवाजे पर लाल-पीले खुशबूदार फूलों के पौधे लगाएँ।

12. सिद्ध किया हुआ "सहदेवी पौधे की जड़" को लाल कपड़े में लपेट कर बाजू में धारण करने से दरिद्रता का नाश होता है तांत्रिक बाधाएँ मिटती सहामाया है और धन प्राप्ति के अवसर प्राप्त हो जाते हैं।

13. निर्गुण्डी का जड़" (सिद्ध किया) पीली सरसों के साथ पीले वस्त्र में बाँधकर दुकान के द्वार पर लटकाने से व्यवसाय में चमत्कारिक सफलता प्राप्त होने लगती है।

14. "भरणी नक्षत्र में कुश का बांदा लाकर पूजा स्थल पर लाल कपड़े में लपेट कर रखने से आर्थिक परेशानियाँ दूर हो जाती है।

15. "मघा नक्षत्र- में "हर सिंगार" का बांदा (बझौंड़ी) लाकर पीले कपड़े में लपेट कर पूजा स्थल पर रखने से धन लाभ होता है।

16. "पुष्प नक्षत्र" में रविवार के दिन श्वेत पुष्प वाली मदार की जड़ विधिपूर्वक लाकर दाहिनी भुजा में धारण करने से धन प्राप्ति के अवसर प्राप्त होते हैं।

24. धन प्राप्ति के वैदिक 7 टोटके

1. माता लक्ष्मी की तस्वीर पूजा स्थल पर लगावें। सुबह और शाम स्नान से। पवित्र होकर उनके समक्ष धूप-दीप जगाकर नमस्कार किया करें।

2. सिद्ध किया हुआ श्री गणेश यंत्र अथवा श्री यंत्र पूजा स्थल पर स्थापित करें।

3. घर के मुख्य द्वार पर श्री गणेश जी की प्रतिमा, कलश अथवा स्वस्थिक यंत्र अंकित करें।

4. "पुष्प नक्षत्र" में श्वेताक (सफेद आक) के पौधे को आमंत्रित कर- विधि पूर्वक उसका जड़ उखाड़कर, उसकी गणेश जी की प्रतिमा का आकार बनाकर नित्य धूप-दीप दिखावें।।

5. यदि आप धन की कमी महसूस कर रहे हैं तो अपने मकान के उत्तर दिशा में- हस्त-नक्षत्र के शुक्ल पक्ष में "दाड़िम वृक्ष" लगा दें और वहीं पर 41 दिन "श्री सूक्त" का पाठ करें।

6. यदि आपने प्लॉट खरीद लिए हैं और भवन बनाने हेतु धन का प्रबन्ध नहीं हो रहा है तो "अभिमंत्रित सुदर्शन यंत्र" लाल वस्त्र में बांधकर प्लॉट के दक्षिण-पश्चिम कोण में डेढ़ फुट गड्ढा खोदकर दबा दें। फिर चमत्कार देखें।

7. घर की मुख्य महिला यदि नियमित रूप से मुख्य द्वार पर तांबे के पात्र से जल छिड़के तो लक्ष्मी प्रसन्न होकर उस घर में प्रवेश करती हैं।

25. धन प्राप्ति हेतु "वास्तु शास्त्र" के सरल 28 टोटके

पाठको! वास्तु का प्रभाव किसी भी व्यक्ति की दिशा और दशा दोनों को बदल सकता है। कई बार व्यक्ति निवास अथवा व्यवसाय स्थल में अनेक प्रकार की समस्याओं का सामना करने लगता है। घर में धन की कमी, दाम्पत्य जीवन में क्लेश और कटुता उत्पन्न होने लगती है। घर का वातावरण जहर समान हो जाता है। व्यवसाय में भी एकाएक भारी घाटे की स्थिति उत्पन्न हो जाती है। बीते कल तक अच्छी उन्नति करता व्यवसाय अचानक अनेक परेशानियों से घिर जाता है। आय में कमी हो जाती है, व्यर्थ के व्यय बढ़ जाते हैं। स्वयं को बनाएं रखने के लिए कर्ज का आश्रय लेना पड़ता है। अचानक इस स्थिति में आकर व्यक्ति- हतप्रभ रह जाता है।

वह इससे उभरने के अनेक प्रयास करता है किन्तु सभी निष्फल हो जाते हैं। इससे वह विचारने पर विवश हो जाता है कि कहीं उस पर किसी शत्रु ने अभिचारिक कर्म (टोने-टोटके-जादू आदि) करवा दिया है। इस दृष्टि से वह

पुनः नवीन उपायों में लग जाता है। व्यवसाय में घाटा- घर में क्लेश जीवन को त्रस्त कर देता है। वास्तव में इस स्थिति के लिए अन्य कोई कारण जिम्मेदार न होकर निवास अथवा व्यवसाय का बिगड़ा एवं दोष-पूर्ण वास्तु

ही होता है। इस तरफ व्यक्ति का ध्यान नहीं जाता और वह निरन्तर लम्बे समय तक इस शापित अवस्था को भोगने के लिए विवश-होता है।

आमतौर पर कभी-कभी जीवन और व्यवसाय में आने वाले भूकम्प के लिए वास्तु दोष को जिम्मेदार मानने की तरफ ध्यान कम ही जाता है। निवास स्थल का _ वास्तु दोष" दाम्पत्य जीवन को "विदग्ध" करता है किन्तु व्यवसाय का यह दोष तो व्यक्ति को पूर्णत: बर्बाद करके रख छोड़ता है।

इस अध्याय में वास्तु द्वारा धन प्राप्ति के टोटकों के बारे में चर्चा की जायेगी।

वास्तु में सुधार करके लक्ष्मी प्राप्ति के स्वर्णिम सूत्र प्रस्तुत कर रहा हूँ जो व्यक्ति का भाग्य बदल देने में सक्षम है इन्हें अपनाकर आप भी जीवन की दिशा व दशा बदल कर माँ लक्ष्मी की कृपा प्राप्त कर सकते हैं:-

1. इसका प्रारम्भ हम मुख्य द्वार से कर रहे हैं। आप अपने निवास अथवा कार्यालय के मुख्य द्वार पर यह अवश्य ध्यान दें कि द्वार के ठीक सामने कोई अवरोध- कूड़े का ढेर, पेड़, बहता पानी- मंदिर की छाया अथवा दूसरे भवन का कोना अथवा कोई वस्तु न हो। ऐसा होने पर घर में पकारात्मक ऊर्जा का अधिक प्रवेश होता है। यदि आपके मुख्य द्वार पर ऐसा होता है तो मुख्य द्वार पर "पाकवा मिरर" लगाएँ।

2. यदि मुख्य द्वार के अन्दर और बाहर "श्री गणेश की प्रतिमा"लगाएँ तो "कारात्मक ऊर्जा समाप्त होने के साथ-साथ माँ लक्ष्मी के प्रवेश का मार्ग प्रशस्त होता है।

3. आप अपने निवास के नैकऋत्य कोण (पश्चिम व दक्षिण का कोणा) में सिद्ध वास्तु दोष निवारक यंत्र अवश्य लगाएँ। इसके प्रभाव से आपके निवास अथवा व्यवसायिक स्थल के अनजाने वास्तु दोष स्वत: ही समाप्त हो जायेंगे।

4. निवास अथवा कार्यालय के "ईशान कोण" में देवी-देवताओं की तस्वीर लगाकर नित्य पूजा-अर्चना करनी चाहिए। नियमित सफाई आदि भी करवाते रहना चाहिए, क्योंकि माँ लक्ष्मी का स्थाई निवास वही होता है जिस स्थान पर साफ-सफाई के साथ नियमित पूजा-अर्चना होती है।

5. पूजा स्थल में अभिमंत्रित "श्री यंत्र" व "कुबेर यंत्र" को अवश्य स्थान देना चाहिए- क्योंकि माँ लक्ष्मी का वचन है कि जिस स्थान पर अभिमंत्रित _ औ यंत्र'" की पूजा-अर्चना होगी वहाँ उन्हें रुकना ही होगा।

6. उत्तर दिशा में "मछली घर" अथवा अन्य कोई "जल का फब्वारा" होने से घर अथवा कार्यालय में माँ लक्ष्मी की कृपा बनी रहती है।

7. ईशान कोण (पूर्व व उत्तर का कोना) में" श्वेतार्क गणपति" की स्थापना से कर पूजा-अर्चना करें

8. जिस निवास में नैऋत्य कोण अत्यन्त भारी तथा ब्रह्म स्थल (बीच का स्थान) जितना अधिक शुद्ध व निर्माण रहित होगा वहाँ माँ लक्ष्मी की कृपा हमेशा बनी रहेगी।

9. निवास के पूर्व में वट- पश्चिम में पीपल- दक्षिण में गूलर व उत्तर दिशा में पलास का वृक्ष शुभ होते हैं। हैं

10. निवास अथवा कार्यालय की चार दीवारी के बाहर "श्वेतार्क वृक्ष" (सफेद आक का वृक्ष) लगाने से शत्रु हानि नहीं कर सकते हैं साथ ही. के अचानक होने वाली हानि जैसे चोरी, अग्नि काण्ड अथवा इसी प्रकार के किसी अन्य कार्य से होने वाली हानि से भी बचा जा सकता है।

11. ईशान कोण जितना अधिक नीचा तथा नैऋत्य कोण जितना अधिक ऊँचा होगा वहाँ आय के स्रोत अधिक होंगे। यदि ईशान कोण ऊँचा होता है तो हानि भी होती है तो अधिक होती है। अत: इस दोष से मुक्ति पाने के लिए है। नैऋत्य कोण पर ईशान कोण के निर्माण की ऊँचाई से अधिक ऊँचाई तक| जाने वाला पीले अथवा केशरिया रंग का झण्डा लगा दें।

12. "नैऋत्य कोण" के क्षेत्र में लगभग तीन फीट गहरा गड्ढां खोदकर तीन। लोहे का चुम्बक दबाने से वास्तु दोष समाप्त होकर आय में वृद्धि होती है।

13. उत्तर व पूर्व दिशा में जितना अधिक जल का कार्य होगा उतनी अधिक माँ "लक्ष्मी की कृपा बनी रहेगी।"

14. आग्नेय कोण (पूर्व व दक्षिण का कोना) में विद्युत मीटर अथवा रसोई घर अथवा कोई अन्य अग्नि का कार्य करने से माँ लक्ष्मी की कृपा बनती है।। यदि इस क्षेत्र में लाल रंग का वल्ब सदैव जलता रहे तो बहुत शुभ होता है।

15. "पुनर्वसु नक्षत्र" में गृह निर्माण शुभ होता है।

16. यदि आपको पहले से निर्मित निवास में या दुकान अथवा व्यवसायिक स्थल में पुन: कुछ निर्माण करवाना है तो आरम्भ पश्चिम-दक्षिण से करें तथा ईशान में सबसे बाद में निर्माण करें।

17. पूर्व दिशा में जितना अधिक खाली स्थान होगा उतनी ही अधिक माँ लक्ष्मी की कृपा प्राप्त होगी। सन्तान भी आज्ञाकारी होगी।

18. किसी भी कमरे के ईशान कोण में सफाई रखने के साथ वहाँ पर कोई नुकीली वस्तु तथा झाड़ु आदि नहीं रखनी चाहिए।

19. यदि आपके निवास के उत्तर दिशा में कोई खाली स्थान है तो आपको उसे खरीद लेना चाहिए। उसे अपने निवास के साथ मिलाकर उसे खुला छोड़ने से सब प्रकार की सुख-समृद्धि प्राप्त होती है।

20. पश्चिम दिशा में भारी वृक्ष लगाने से अच्छे परिणाम प्राप्त होते हैं।

21. निवास अथवा कार्यालय में नगदी तथा आभूषण आदि सदैव उत्तर दिशा में रखना चाहिए।

22. पूर्व अथवा उत्तर दिशा में कभी भी सीढ़ियाँ नहीं बनवानी चाहिए। सीढ़ी के लिए सबसे उचित स्थान नैऋत्य कोण होता है। सीढ़ी का घुमाव दायें होना चाहिए तथा पायदान विषम संख्या में होना चाहिए।

23. निवास में यदि दीवारों का रंग हल्का पीला तथा छत का रंग सफेद हो तो माँ लक्ष्मी की कृपा सदैव ही बनी रहती है।

24. ईशान-पूर्व-उत्तर व वायव्य कोण जितने अधिक हल्के होंगे उतने ही अधिक समय तक माँ लक्ष्मी का घर में निवास होगा। आप कभी भी जीवन में कर्जदार नहीं बनेंगे।

25. निवास अथवा कार्यालय के कोणों में क्रमश: पूर्व में माणिक्य, आग्नेय में हीरा- दक्षिण में मूंगा- नैऋत्य में लाजवर्त गोमेद व लहसुनिया- पश्चिम में नीलम, वायव्य में मोती, उत्तर में पन्ना तथा ईशान में पुखराज अथवा इनके उप रत्न दबाए जाएँ तो माँ लक्ष्मी की असीम कृपा प्राप्त होती है।

26. निवास के ब्रह्म स्थल पर तुलसी का पौधा लगाकर नियमित रूप से कपूर तथा बृहस्पति वार को तुलसी पर दूध की धार अर्पित करें तो माँ लक्ष्मी की अपार कृपा प्राप्त होती है, जिससे मनुष्य अपना मंजिल प्राप्त कर लेता है।

27. निवास स्थान या व्यवसायिक स्थल में तिजोरी गाला केश बॉक्स- लॉकर अध्वा धन रखने की अलमारी सदैव दक्षिण दिशा में इस प्रकार से रखनी चाहिए कि उसका मुँह उत्तर दिशा की ओर खुले। इससे धन संग्रह में भरपूर वृद्धि होती है।

28. धन रखने के स्थान में पाँच कौड़ी- शुद्ध चाँदी से निर्मित लक्ष्मी-गणेश अथवा श्री यंत्र का सिक्का अथवा "सिद्ध कनकधारा यंत्र" को लाल कपड़े की छोटी झोली में रखें, इससे धन में वृद्धि होती है।

26. व्यवसाय में पूर्ण प्रगति सफलता के "महासूत्र" एवं 23 विभिन्न सरल टोटके

व्यवसाय में सफलता के महासूत्र:-

पाठको! व्यवसाय में पूर्ण उन्नति पाने हेतु, प्रगति व सफलता प्राप्ति के

"टोटके के सागर- में उतरने से पूर्व मैं "व्यवसायिक महासूत्रों" की चर्चा करूँगा। जो व्यक्ति व्यवसाय में है, खासकर छोटी पूंजी वाले व्यक्ति इस पर विशेष ध्यान दें ताकि उनकी स्थिति गंभीर रूप से प्रभावित नहीं होने पाये -

1. व्यापारिक क्षेत्र में व्यक्ति की "साख" का बहुत अधिक महत्व है।

   व्यक्ति की साख जबतक अच्छी बनी रहती है, तब तक उसे सब ओर से सहयोग। मिलता है।पूंजी के साथ-साथ अन्य क्षेत्रों के सहयोग पर भी व्यापार की सफलता निर्भर होती है। देनदारी चाहे व्यापारिक क्षेत्र की हो अथवा व्यक्तिगत रूप से किसी से नकद धन प्राप्त करके व्यापार में लगाया हो, दोनों ही हालतों में पैसा चुकाने में टाल-मटोल अथवा चक्करबाजी वाला व्यवहार नहीं करना चाहिए। कई व्यक्तियों की आदत होती है कि पैसा पास में होते हुए भी वह दो-चार चक्कर कटवाये बिना भुगतान नहीं करते हैं। लेने वाला जितने चक्कर काटेगा- उसके मन में आपके प्रति अच्छी भावनाएँ उतनी ही खराब होती जायेंगी।सम्भव है कि वह इसकी चर्चा उन लोगों से भी करे जो आपसे पैसा मांगते हैं। इससे धीरे- धीरे व्यक्ति की साख खराब होने लगती है। एक समय ऐसा आता है कि जब लोग उसपर विश्वास करना बंद कर देते हैं।

2. व्यापारिक क्षेत्र में उतार-चढ़ाव आना सामान्य बात है। इसे व्यापार का हिस्सा समझना चाहिए। कभी कभी अचानक किसी भी कारण से व्यक्ति की आर्थिक स्थिति गड़बड़ाने लगती है। भुगतान में समस्या आने लगती है। इस हालत में देनदारों का पैसा चुकाना मुश्किल हो जाता है। व्यक्ति सही स्थिति बताने के स्थान पर चक्कर देना चालू कर देता है। अपने व्यवसायिक स्थल से गायब हो जाता है। पैसा

मांगने वाले व्यक्ति बार-बार घर, दुकान या ऑफिस के चक्कर लगाते परेशान हो जाते हैं। यदि ऐसी स्थिति में आप हैं तो लेनदारों को विश्वास में लेकर सारी स्थिति को स्पष्ट कर दें। भुगतान के लिए और समय मांगने के साथ-साथ सहयोग की बात भी करनी चाहिए। इसका सकारात्मक प्रभाव। आयेगा। व्यापार में सभी एक दूसरे को सहयोग देते हैं।कोई भी नहीं चाहेगा कि उनका साथी व्यापारी डूब जाये।

3. अगर आपका व्यापार किसी भी कारण से घाटे पर जा रहा है- बाजार का कर्ज बढ़ता जा रहा है। कर्ज वसूली के लिए परेशान होने की हालत बन गई है तो अपने आपसे इसका कारण जानने का अयास करें। जब व्यापार में कभी किसी कारण से घाटा होने लगता है तो व्यवित का तनाव तथा चिंता में आना वभाविक है, किन्तु पूरे होश-हवाश में रहकर घाटे के कारणों को तलाश करें। अगर कारण समझ में आ जाए तो तत्काल उन्हें दूर करने हेतु जुट जाएँ।

4. व्यापार में घाटा या कर्ज बढ़ने का एक अमुख कारण स्वयं की लापरवाही भी होती है। एक व्यक्ति भरपूर मेहनत से व्यवसाय प्रारम्भ करता है। कुछ समय में उसका व्यवसाय जम जाता है। आशा से कहीं अधिक सफलता न मिलती है। ऐसे में अक्सर व्यवित बाद में लापरवाह हो जाता है।व्यापार में अपने रिश्ते के सम्बन्धियों को लगा लेता है। सारी जिम्मेदारियाँ विश्वस्त नौकरों पर डाल कर स्वयं अपना मन तथा समय किसी दूसरी जगह लगा लेता है। इसका परिणाम शीघ्र ही घाटे के रूप में सामने आता दिखाई देने लगता है। बाजार का कर्ज बढ़ जाता है। उक समय ऐसा भी आ जाता है कि वह अपना सब कुछ लुटाकर सड़क पर आने को अजबूर हो जाता है। व्यापार में लगा हुआ पैसा ठीक अकार से चलता रहे, उ'तान समय पर होते रहें। इसके लिए पूरी तत्वरता और!

परिश्रम के साथ-साथ अपने व्यापार को संभालना चाहिए। थोड़ी सी लापरवाही व्यक्ति को मीलों दूर कर देती है।

5. ध्यान रहे, व्यापार हमेशा कर्मचारियों की कर्मठता तथा ईमानदारी के >7 पर चलता है। कर्मचारी जब काम के प्रति समर्पित नहीं होंगे तो दुनियां का कोई भी व्यक्ति अपने व्यापार में तरक्की नहीं कर जकता। इसके लिए आवश्यक है कि आप अपने कर्मचारियों का _श ध्यान रखें। उन्हें अपना नौकर नहीं मानकर सहयोगी मानें। अपने कर्मचारियों के प्रति यह भावना नहीं रखें कि वे आपके यहाँ काम करते हैं, बल्कि यह मानें कि वे आपके साथ काम करते हैं। कई लोगों को अपने कर्मचारियों के साथ गंदा व्यवहार करते देखा जा सकता है। वे उनकी छोठी- छोटी

गलतियों पर भी सबके सामने डांट देते हैं- उनका अपमान कर देते हैं, जो >कसान हुआ, उसका पैसा वेतन काट लेते हैं। ऐसी हालत में व्यक्ति अपनी जबूरी में काम तो करता है किंतु उसके मन में काम के प्रति और

आस्था के प्रति जहाँ वह काम कर रहा होता है कोई अच्छी आवनाएँ नहीं रहती है। किसी भी व्यवसाय की रीढ़ उसके कर्मचारी ही होते हैं जिस संस्थान में होने वाले घाटे नुकसान तथा परेशानी का दर्द वहाँ के कर्मचारी महसूस करते हैं, उसे कोई हिला नहीं सकता। सह भावना उनके मन में आपके व्यवहार के कारणही बन पायेगी। इसके लिए समय-समय पर कर्मचारियों का उत्लाह वद्धन करते रहना चाहिए।

जहाँ व्यवसाय काफी बड़े हैं- जहाँ अनेक कर्मचारी काम करते हैं- वहाँ साल में एक बार ऐसा आयोजन अवश्य होना चाहिए। जिसके द्वारा कर्मचारियों को पुरस्कृत किया जा सके, उन्हें सराहा जा सके। इस बात को अच्छी तरह से समझ लेना चाहिए कि अपने किसी कर्मचारी को उसकी किसी गलती के लिए "डांटना" हो तो अकेले में डांटे- अगर उसके किसी काम से खुश होकर उसकी पीठ थपथपानी हो तो सबके सामने थपथपाएँ। ऐसा होने पर कर्मचारियों का आपके प्रति विश्वास बढ़ेगा तथा वे और अधिक जिम्मेदारी से काम करेंगे।

पाठको! उपरोक्त व्यवसाय महासूत्र पर ध्यान देंगे तों आपका व्यवसाय। चमक उठेगा| इसके बावजूद भी यदि आप व्यवसाय में घाटा उठा रहे हैं- दुकान- व्यवसायिक प्रतिष्ठान ठीक नहीं चल रहा है तो निम्नलिखित टोटके अपनाकर प्रगति के उच्च शिखर पर पहुँच जाएँ।

27. व्यवसाय में प्रगति सफलता पाने हेतु विभिन्न सरल टोटके

1. व्यापार सम्बन्धी पत्र व्यवहार करते समय उस पत्र पर हल्दी अथवा केसर के छींटे लगा दिया करें।

2. व्यापार आदि शुभ कार्यों के लिए प्रस्थान करने से पूर्व घर का कोई भी सदस्य एक मुट्ठी साबुत काले उरद आपके ऊपर से उसार कर धरती पर छोड़ दें तो वह कार्य अवश्य सिद्ध होगा।

3. कार्यालय, दुकान, शोरूम इत्यादि खोलते समय सर्व प्रथम अपने $ इष्टदेव का स्मरण अवश्य करें।

4. धन सम्बन्धी या व्यवसाय सम्बन्धी कार्य पर निकलने से पूर्व "सिद्ध वांछा कल्पलता यंत्र" अपनी कमीज के ऊपरी पाकेट में रखकर जाएँ- सफलता चरण चूमेगी- आजमाकर देखें। यह यंत्र मेरे कार्यालय से प्राप्त कर सकते हैं।

5. "सिद्ध श्रीयंत्र" घर की पूजा स्थल पर स्थापित करें।

6. शुभ कार्य हेतु अथवा धन सम्बन्धी या व्यवसाय सम्बन्धी कार्य पर जाते समय घर से दही व गुड़ खाकर निकलें तो सफलता साथ देगी।

7. सर्व प्रथम हिजड़ों को वस्त्र व कुछ रुपये दान करें। उसे प्रसन्न कर एक रुपये का सिक्का प्रसाद रूप में उनसे मांग लें और वह सिक्का कैश-बॉक्स- तिजौरी आदि में रख दें तो व्यवसाय चमक उठेगा।

8. सिद्ध किया हुआ "श्वेत अपामार्ग" (औंगा) की जड़ व्यवसायिक पे स्थल में रखने से व्यवसाय में अपार वृद्धि होती है।

9. मंत्र सिद्ध "सफेद आक की जड़" (इवेतार्क मूल) चाँदी की ताबीज में- सफेद डोरे के साथ गले या दाहिनी भुजा पर धारण करने से व्यवसाय में चार चाँद लग जाते हैं- आजमाकर देखें- चकित हो उठेंगे।

10. "श्वेतार्क गणपति" की प्रतिमा व्यवसायिक स्थल या घर की पूजा स्थल पर स्थापित करें।

11. "वट वृक्ष की लता" को शनिवार के दिन निमंत्रण दे आवें। रविवार के दिन ब्रह्म मुहूर्त में जाकर उस की एक जटा तोड़ लावें। उस जटा को घर लाकर गूगल की धूनी दें, (गूगल का धूप जलाकर दिखावें) फिर कैश बॉक्स- तिजौरी या रूपये पैसे रखने वाले स्थान पर लाल कपड़े में लपेट कर रख दें।

12. जिस स्थान पर होली कई वर्षों से जलाई जाती रही हो वहाँ पर होली जलने से एक दिन पहले की रात्रि में एक मटकी में गाय का घी- तिल का तेल- गेहूँ और ज्वार तथा एक तांबे का पैसा अथवा एक रुपये का सिक्का रखकर मटकी का मुख मिट्टी के कसोरे (डकनी) रखकर बंद कर दें मठकी का मुख बंद करके उसे होली जलने वाले स्थान पर ले जाकर जमीन में गाड़ दें। यह कार्य गुप्त रूप से करना चाहिए। दूसरे दिन की रात्रि में होली जलने के बाद आग बिल्कुल ठंडी होने के बाद उस मटकी को उखाड़ लावें। फिर मटकी के जले हुए वस्तु को लाल कापड़े में बाँधकर धन स्थान में रखने से व्यवसाय में अपार वृद्धि होती है।

13. "उल्लू" वास्तव में "लक्ष्मी" का प्रतीक है। इसका प्रमाण आज भी है। जिन व्यवसायियों ने इसका प्रयोग' "व्यापार चिन्ह" के रूप में करता है- वह करोड़पति बन जाते हैं। विश्व प्रसिद्ध हथियार के सौदागर "औनासिस" और अमेरिका के भूतपूर्व राष्ट्रपति की पत्नी "जैकलीन कैनेडी" का व्यापार चिन्ह उल्लू ही है- वे खरबपति हैं। जो भी व्यक्ति उल्लू पक्षी का चिन्ह अपने व्यवसाय स्थलों के मुख्य द्वार लगाते हैं- वहाँ लक्ष्मी अवश्य निवास करती है।

14. दीपावली के पूर्व कभी भी किसी भी समय "उल्लू का पंख" एक प्राप्त कर लें। दीपावली की रात्रि उस पंख को लक्ष्मी की प्रतिमा या तस्वीर के तले लाल कपड़े में लपेट कर रख दें। माता लक्ष्मी की पूजा उपासना के उपरान्त उस पंख को लक्ष्मी जीगक तस्वीर के नीचे से निकालकर, उसे कुतर कर, तांबे के प्लेट में रखकर पाथी (गोयठा) की आग पर जलाकर भस्म बना लें। उस भस्म को लाल कपड़े में बाँधकर कैश बॉक्स, तिजौरी आदि जहाँ रूपये में बाँधकर रखने का स्थान हो- वहाँ रख दें। जब तक यह "तिलस्मी भस्म कौ पोटली" आपके घर में रहेगी व्यवसाय- चमकता रहेगा।

15. प्रत्येक माह के प्रथम बुधवार को 5 किलो अथवा 5 पाव अथवा 5 मुट्ठी साबुत हरे मूंग हरे रंग के कपड़े में बाँधकर बहती दरिया में प्रवाहित करें तो व्यवसाय बढ़ता रहेगा।

16. खासकर जो लोहे का पार्ट्स तैयार करते हैं, करियाने की दुकान-) कोयला- लकड़ी- पेट्रोल- तेल जूते आदि का व्यवसाय करते हैं- वे व्यवसायी नववर्ष के प्रथम शनिवार को तथा सम्भव हो तो प्रत्येक महीने के प्रथम शनिवार को आठ किलो- आठ पाव अथवा आठ मुट्ठी काले साबुत उरद काले कपड़े में बाँधकर बहती दरिया में सूर्यास्त के बाद कुछ अंधेरा होने पर प्रवाहित करें और शनिदेव का स्मरण कर नमस्कार कर वापस आ जाएँ। उपरोक्त विधि अपनाने से व्यवसाय चमकता रहेगा। अनुसंधानित है, आजमा कर देखें।

17. यदि फैक्ट्री व्यापार आदि ठीक नहीं चल रहा हो, तो मुख्य दरवाजे के सामने पानी का फब्बारा जरूर लगा दें घंटे दो घंटे सुबह और दोपहर बाद उस'फब्बारे को चलाएं तो व्यवसाय ठीक चलने लगेगा।

18. यदि फब्बारा लगाने में असमर्थ हैं तो मजबूरी-में मण या जग से ऊपर की ओर पानी दरवाजे के ठीक सामने उछाल कर प्रिगरा दें।

19. मुख्य दरवाजे के ऊपर "मछली का चित्र" भी बन्द कारोबार को चलाने में बड़ी सहायता करती है।

20. उसके साथ ही फैक्ट्री के मुख्य दरवाजे पर छोटे दर्पण, स्वस्तिक चिन्ह- घंटी- घूमती रंग-बिरंगी लाईट लगावें। बंद कारोबार चल पड़ेगा।

21. फैक्ट्री या व्यवसायिक स्थल के मुख्य दरवाजे के बाहर यदि लाल इंटों को बिछाकर गोल रास्ता टेढ़ा-मेढ़ा बना दिया जाय तो कारोबार चल पड़ता है।

22. मुख्य दरवाजे के बाहर एक-एक (दोनों तरफ) या तीन-तीन अथवा पाँच-पाँच खिले हुए फूल के गमले रख दें।

23. यदि फैक्ट्री के पास में कब्र, श्मशान, चर्च आदि हैं तो उस तरफ से फैक्ट्री की दीवार ऊँची करवा दें, उस तरफ के खिड़की, दरवाजे बन्द करवा ले वरना बिजनेस तबाह हो जायेगा।

28. व्यवसायिक प्रतिष्ठान, दुकान, शोरूम, कार्यालय एवं निवास स्थान से जादू-टोने का प्रभाव नष्ट करने हेतु शक्तिशाली टोटके

पाठको! कुछ इष्यालु लोग किसी की प्रगति-उन्नति को देखना पसन्द नहीं करते। वे जादू-टोने करके या करवा के उनका व्यापार, दुकान आदि ठप्प करा देते हैं। दुकान में ग्राहकों का आना बंद हो जाता है, फैक्ट्री में माल का आर्डर आना बंद हो जाता है तो ऐसी स्थिति में नीचे लिखित एक दो टोटके का प्रयोग कर आप पुनः उन्नति के शिखर पर पहुँच सकते हैं।

1. बृहस्पति बार के दिन स्नान से पवित्र होकर 00 ग्राम पीले सरसों पीतल के प्लेट में रखकर ॐ क्रीं क्लीं काली महाकाली शत्रु कृत तांत्रिक दोष नष्ट कुरु कुरु स्वाहा मंत्र पढ़कर पीले सरसों में फूंक मारें यह क्रिया 24 बार करें। फिर उस सरसों को दुकान- मकान या फैक्ट्री के अन्दर से छिड़कते हुए बाहर की ओर आवें। मुख्य द्वार से बाहर आकर बचे हुए सरसों को फेंक दें तो तांत्रिक दोष- नजर आदि टोने टोटके का दोष समाप्त हो जायेगा और व्यवसाय पुनः प्रगति की ओर अग्रसर हो जायेगा। हर

2. "सिद्ध तांत्रिक दोष निवारक महाकाल यंत्र को गंगाजल से धोएं और धोए जल का 24 दिन दुकान- मकान- शोरूम- कार्यालय या अपने निवास भवन में छिड़काव करें।"

3. एक कागजी नींबू और 5 हरी मिर्चों को सफेद धागे में पिरोकर व्यवसायिक स्थल या निवास के मुख्य द्वार पर (शनिवार के दिन)

लटका दें तो पुनः वहाँ पर तांत्रिक दोष या जादू टोने का प्रभाव नहीं पड़ेगा। जब मिर्च सूख जाय तो नींबू-मिर्च धागे सहित चौराहे पर फेंक दें और दूसरी बनाकर लटका दें।

4. पुष्य नक्षत्र में निर्गुण्डी का जड़ और पीले सरसों पीले कपड़े में लपेट कर पूजा स्थल पर रखने से भी किया-कराया जादू-टोने का असर समाप्त हो जाता है।

5. बृहस्पति को दुकान खोलने से पहले एक कागजी नींबू लेकर- बंद दरवाजे या शटर के ठीक बीचों बीच रखकर, चाकू से काटकर उसे दो हिस्सो में कर दें और तुरंत ही दोनों हिस्सों को दाएं-बाएं फेंक दें। इसके बाद दुकान खोलकर गंगाजल छिड़कें और लोहवान का धूप जलाबे तो जादू-टोने का प्रभाव समाप्त हो जायेगा।

6. फैक्ट्री- दुकान या बिजनेस सेंटर के अंदर गुड़ हमेशा रखें।इससे आय के साधन बनते रहते हैं।

29. व्यवसाय में रुकावट दूर करने का अति प्रभावशाली टोटके

पाठको! व्यापार में अनेकों प्रकार की रुकावटें और परेशानियाँ उत्पन्न होती है। आज के युग में व्यापार करना मजाक वाला काम नहीं है! इसमें व्यक्ति पैसा तो धीरे-धीरे कमाता है लेकिन.' घाटा" एक झटके में हो जाता है। कल तक ठीक से चल रहा व्यवसाय अनेकों व्यवधान के कारण तुरन्त हजारों-लाखों के घाटे में आ जाता है। इस प्रकार की स्थिति का आपको सामना करना पड़े, सदैव आपका व्यापार फलता -फूलता रहे, इसके लिए निम्न टोटकों में से एक दो टोटके इस्तेमाल करें और सदैव व्यवसायिक घाटे एवं व्यवसायिक उलझनों से बचे रहें!

1. किसी "गुरु पुष्प योग" के चतुर्थी (शुक्लपक्ष) तिथि के दिन प्रातः काल स्नान से पवित्र होकर हरे रंग के वस्त्र की छोटी सी थैली तैयार करें। उसमें सात मूंग के दाने, दस ग्राम साबुत धनियां, एक पंचमुखी रूद्राक्ष-चांदी का एक सिक्का- दो सुपारी और दो हल्दी की गांठ रखकर उस थैली को गणेश जी तस्वीर के सामने रख दें। थैली गांठ लगाकर बंद करके रखें। इसके बाद अगरबत्ती जलाकर बार Å| गणेशाय नमः मंत्र पढ़ें। फिर उस थैली को प्रणाम कर "कैश बॉक्स" तिजोरी अथवा अन्य रुपये-पैसे रखने वाले स्थान पर रख दें।

2. अनेक प्रयास करने पर भी व्यापार में उन्नति नहीं हो पा रही हो- तो श्यामा तुलसी (काली पत्ते वाली तुलसी) के चारों ओर उग आई खर-पतवार को किसी पीले वस्त्र में बाँधकर व्यापार स्थल पर रख दें। यह क्रिया बृहस्पतिवार को ही करें।

3. शुक्रवार के दिन चना और गुड़ व खट्टी मीठी गोलियाँ मिलाकर आठ वर्ष के आयु के भीतर के बालकों में बाँटें।

30. दुकान की बिक्री बढ़ाने वाला परम अनुभूत टोटके!

1. प्रात: काल स्नान से पवित्र होकर तुलसी वृक्ष की जड़ में एक लोटा जल डालें और एक अगरबत्ती जलाकर वहाँ लगा दें तथा प्रणाम करें।

2. यदि उपाय करते-करते थक चुके हैं और फिर भी दुकान में ग्राहक नदारद हैं- बिक्री नहीं बढ़ रही है तो महीने के शुक्ल पक्ष के प्रथम बृहस्पतिवार से यह प्रयोग आरम्भ करें। व्यापार स्थल के मुख्य द्वार के एक कोने को गंगाजल से धोकर पवित्र कर लें। इसके पश्चात् हल्दी के पाउडर से "स्वस्तिक" बना लें। उस पर चने की थोड़ी सी दाल और गुड़ रख दें। पुन: उस स्वस्तिक को बार-बार नहीं देखें।इस उपाय को १ बृहस्पतिवार करें। पहले चढ़ाए गुड़ और दाल मंदिर में चढ़ा दें या बहती दरिया में प्रवाहित कर दें।

31. शिक्षित बेरोजगार को सरकारी नौकरी, प्राप्त करने हेतु टोटके

पाठको! अनेक बार ऐसा होता है कि एक व्यक्ति जो पूर्णत: योग्य एवं अपने कार्य में दक्ष होता है, वह किसी नौकरी के लिए जाता है- साक्षात्कार (इंटरव्यू) देने जाता है किन्तु उसे नौकरी नहीं मिल पाती है। उस नौकरी के लिए पूरी तरह योग्य होने के बाद भी जार बार असफल होने से निराशा उत्पन्न होने लगती है।

अत: शिक्षित बेरोजगारों को निराश होने की आवश्यकता नहीं। नीचे अनुभूत टोटके लिख रहा हूँ, जिससे शिक्षित बेरोजगार निश्चित ही रोजगार प्राप्त करने में सफल होंगे।

1. यह उपाय शुक्ल पक्ष के मंगलवार से आरम्भ करें। मंगलवार को प्रात: सूर्योदय के समय स्नान के अश्चात् एक लोटे में जल व दो अगरबत्ती, पाँच बताशे लेकर बरगद के वृक्ष के पास जाएं पूरब दिशा मुख करके बरगद की जड़ में जल चढ़ावें| अगरबत्ती जलाकर दिखावें। अगरबत्तियों को वहीं लगा दें व बताशे चढ़ा दें। बरगद का एक पत्ता तोड़कर घर ले आयें। घर आकर पत्ते पर जल छिड़कें एवं लाल चन्दन से "3% हनुमते नम:" लिखें। तत्पश्चात् हनुमान जी तस्वीर या प्रतिमा में समक्ष शुद्ध घी का दीपक व अगरबत्ती जलावें। इसके बाद बरगद के पत्ते को अपने सामने रखकर उस पर "दो लौंग" रखें। अब निम्न "शाबर् मंत्र" को 108 बार जप करें:-

Á¡ पीर बजरंगी, राम-लखन के संगी-

जहाँ जहाँ जाय, फतह के डंके बजाय-

डुहाई माता अंजनी की आन।

नोट:- इस प्रकार 08 बार जप के उपरान्त लौंग को उठाकर लाल कपड़े में लपेट कर रख लें तथा पत्ते को हनुमान जी के मंदिर में हनुमान जी के चरणों में चढ़ा दें। इस प्रकार 11 मंगलवार करके समस्त लौंग इकट्ठे कर लें। नौकरी अथवा इंटरव्यू आदि कार्य में जाते समय, उच्च स्तरीय परीक्षा में भाग लेने हेतु जाते समय पुन% 21 बार इस मंत्र को बोलकर एक लौंग खाकर जाएँ तो कार्य अवश्य सिद्ध होता है। यह अत्यन्त ही चमत्कारी टोटका है।

2. यदि नौकरी-इंटरव्यू आदि में बार-बार असफल हो रहे हैं तो "सिद्ध भुवनेश्वरी यंत्र- लाल डोरे में गले में धारण कर नौकरी हेतु साक्षात्कार में जाएं" सफलता चरण चूमेगी, इस यंत्र से हजारों बेरोजगार युवक लाभ उठा चुके हैं।

3. नौकरी या इंटरव्यू में जाने से पूर्व बृहस्पतिवार के दिन 9 की संख्या में केले 9 मंदिर में चढ़ाएँ। प्रत्येक मंदिर में चढ़ाए हुए केले को उसी मंदिर में 9 दस

बर्ष के लड़कों को प्रसाद रूप में दान करें। उपरोक्त विधान सम्पन्न करने हेतु 81 ले खरीदें- जिसका "मूलांक" 89= 9 ही बनता है। इससे भाग्य भाव के लिक "बृहस्पति" प्रसन्न हो जाते हैं और अपने टोटके साधक को नौकरी या क्षातकार में अवश्य सफलता प्रदान कराते हैं।

4. सोमवार के दिन संध्या के समय "बिल्वपत्र वृक्ष" के मूल के पास देसी का दीपक जगावें और एक अगरबत्ती जलावें। नौकरी प्राप्त करने हेतु बिल्वक्ष से मन ही मन प्रार्थना करें। प्रणाम कर घर वापस आ जाएँ। सोमवार आरम्ब कर यह कार्य 43 दिन लगातार करें तो अवश्य नौकरी-इंटरव्यू आदि में फलता प्राप्त होती है।

32. विद्या और बुद्धि में सफलता दिलाने वाला अति करिश्माकारी टोटके

पाठको! वर्तमान वैज्ञानिक युग में शिक्षा के महत्व के बारे में किसी को कुछ बताने की आवश्यकता नहीं है। समय जिस तीव्र गति से आगे बढ़ रहा है- विकास भरी ऊँची छलांग लगायी जा रही है, उसमें शिक्षा का महत्व अत्यन्त बढ़ा है। सका स्वरूप और उपयोगिता में भी भारी अन्तर आया है। उच्च शिक्षा प्राप्त छात्र विद्यार्थी) ही इस कम्पीटिशन के जमाने में उच्च मंजिल प्राप्त कर सकते हैं। यदि आप भी अपने बच्चों को विद्या और बुद्धि में तीव्रता लाना चाहते हैं, उच्च शिक्षा देलाकर उसका भविष्य उजवल कंजा चाहते हैंतो निम्न येटकों का इस्तेमाल करें:-

1. जो विद्यार्थी विद्या बुद्धि में पूर्ण प्रगति प्राप्त करना चाहते हैं- वे प्रात: काल स्नान से पवित्र होकर- स्कूल जाने वाला या कालेज जाने वाला वस्त्र धारण कर- "सरस्वती माता को तस्वीर- के समक्ष एक अगरबत्ती जलावें। तत्पश्चात् करजोड़ कर "35% ऐ शारदा नम: मंत्र का बार जप करें। इसके बाद माता सरस्वती को प्रणाम कर, भोजन आदि ग्रहण कर स्कूल या कॉलेज जाएँ।

2. माघ मास "बसंत पंचमी" के दिन सरस्वती तस्वीर के सामने धूप और दीप जलावें फल व मिठाई का प्रसाद चढ़ावें। इसके बाद सादे कागज पर 108 बार लाल स्याही वाली कलम से "A¡ ऐं शारदा नम:" लिखें।उस कागज को लाल कपड़े में लपेट कर रख लें और स्कूल-कॉलेज जाते समय कमीज की ऊपरी पाकेट में रख लें।स्कूलसे आकरमाता सरस्वती तस्वीर के सामने तांबे के प्लेट में रख दिया करें। इस विधि से स्मरण शक्ति तीव्र होती है और विद्यार्थी को अपना सिलेवस फटाफट याद होता है।

3. "मौर का एक पंख" अपने पास रखने से स्कूल कॉलेज में उस विद्यार्थी का मान-सम्मान बढ़ता है।

4. % %सिद्ध अष्ट सरस्वती यंत्र" गले में धारण करने से विद्यार्थी विद्या-बुद्धि में अत्यन्त तेजस्वी हो जाता है।

5. श्वेत पूर्वा और हरताल को पीसकर तिलक लगाने से विद्या-बुद्धि में सफलता मिलती है।

6. "लक्ष्मण की जड़" को सिन्दूर के साथ घिसकर लगाने से उच्च शिक्षा की प्राप्ति होती है।

33. परीक्षा पास करने हेतु अद्भुत टोटके

जिस विद्यार्थी का पढ़ाई में मन नहीं लगता, बार-बार परीक्षा में फेल हो जाते हैं, जिसकी बुद्धि तीव्र नहीं है वे निम्नलिखित टोटके अपना कर जीवन सफल बनावें:-

1. शुक्ल पक्ष के मंगलवार के दिन लाल रंग के झण्डे में लाल रंग के सिन्दूर की स्याही और अनार की कलम से लिखें:-

बल-विद्या बुद्धि देहु मोहि,

हरहु क्लेश विकार।

ऊपर के श्लोक लिखने के बाद वह झण्डा हनुमान जी के मंदिर में लगा दें।

2. जब "परीक्षा" देने जाएँ तो उन दिनों रोज ही दही व गुड़खाकर जाया करें। पढ़ाई से जी चुराने वाले विद्यार्थियों के लिए अति अनमोल टोटके

3. जो बालक पढ़ाई से जी चुराता हो उस बालक को 4॥ दिन लगातार जल में थोड़ा सा "गोमूत्र" डालकर स्नान करावे।

2. जो बालक पढ़ने में बोलने में "हकलाते" हैं मंत्र पढ़ते हुए 21 बार दूध में A¡ ऐं वाण्यै नम: स्वाहा" मंत्र पढ़ते हुए 21 बार दूध में फूंक मारकर पिला दिया करें- यह क्रिया लगातार छ: महीने तक करें।

34. बुद्धि और ज्ञान बढ़ाने वाला अति रहस्यमयी टोटके

1. कार्तिक मास के शुक्लपक्ष चर्तुदशी के दिन "शंखाहुलि बूटी" को एक पान सुपारी और एक सिक्का लेकर न्यौता दे आवें, तथा "हस्त नक्षत्र" में उस बूटी को उखाड़कर अपने घर ले आबें और कूट पीसकर गोली बनाकर रख लें। जिस व्यक्त को यह गोली खिलाई जाएगी- उसे अधिक बुद्धि व ज्ञान प्राप्त होता है।।

2. जोगी- जंगम- शैव और सनन्यासी इनके पांव के नीचे की धूली लाकर- धूप-दीप दिखाकर पवित्र हृदय से मस्तक पे चन्दन स्वरूप लगाने से बुद्धि बल व पराक्रम में वृद्धि होती है।

35. हकलाना मिटाने हेतु टोटका।

जो बालक पढ़ेने में, बोलने में हकलाते हैं, उनके लिए यह अद्भुत टोटका है:- साबुत सुपारी रक्त चन्दन में सात दिन तक डुबोए रखें। आठवें दिन से वह सुपारी काट-काट कर चूसने से हकलाना मिट जाता है और व्यक्ति साफ-साफ कोई बातें बोलने में सक्षम हो जाता है।

36. अपनी नौकरी मनमाने स्थान पर तबादला कराने वाला टोटके

कभी-कभी सरकारी कर्मचारी, पदाधिकारी अपने बॉस के हरकत से परेशान हो उठते हैं और कितने पदाधिकारियों के ऊपर रोब गांठने की या डांटते रहने की भी आदत होती है। परिणाम स्वरूप लोग उनके चंगुल से बाहर निकलने हेतु कहीं और तबादला कराने की बात सोचने लगते हैं।

ऐसी परिस्थिति में नीचे लिखित टोटके अपनावें और मनमाने जगह पर

तबादला करावें।

1. शुक्रवार के दिन थोड़ा सा दही लेकर अपने ऊपर सात बार उसार लें।

   उसारते समय मन ही मन यह प्रार्थना करें कि "हे चन्द्रदेव!" हमारी तबादला "अमुक स्थान" पर कर्तने की दया करें। इस उसारे हुए दही को

चौराहे पर सूर्योदय से पहले रख आयें। चौराहे पर रखते समय व घर आते समय संकट से हनुमान छुड़ावे मन कर्म वचन ध्यान जो लावे का उच्चारण करते रहें।

उच्च पदाधिकारी को अपने अधीन करने हेतु चमत्कारी टोटके

1. हल्दी के सात गांठ, सात कनेर के फूल, पीले चन्दन- 7 कर्पूर की टिकिया शनिवार के दिन पीले ऊणड़े में बाँधकर उस पोटली पर हल्दी चूर्ण के घोल और करेर पुष्प वृक्ष की लकड़ी की कलम से "हों" लिखें। पोटली के पास एक अगरबत्ती जलावें। तत्पश्चात् आँख मूंद कर प्रार्थना करें कि "हे महा बगलामुखी माँ!" "अमुक पदाधिकारी"को मेरी मर्जी पर चलने हेतु विवश कर दें। अमुक के जगह पर उस पदाधिकारी का नाम लें। तत्पश्चात् उस पोटली को अपने कार्यालय में ले जाकर उत्तर-पूर्व कोण में छिपाकर रख दें। फिर आप देखेंगे कि वे पदाधिकारी पूर्व जो आपका विरोध करते थे वे आपके मनोनुकूल चलने लग पड़े हैं।

37. अपने विरोधी को शान्त करने का रहस्यमयी सरल टोटका

कार्यालय में- समाज में यदि कोई व्यक्ति हमेशा आपका विरोध करता है या आपके खिलाफ बोलता है तो उसे शांत करने के लिए यह टोटका करें

रविवार या मंगलवार के दिन बिस्तर से उठते ही बिना शौचादि किए अपने विरोधी का नाम लेकर तीन बार उसे गाली दें- फिर सफेद कागज पर काली स्याही की कलम से तीन बार उसका नाम लिखें।फिर उस कागज को काले धागे में लपेटकर रख लें। शाम के समय उस कागज को किसी पीपल वृक्ष की जड़ के पास जमीन में दबा दें। यह क्रिया 7 रविवार या 7 मंगलवार करेंगे तो आपके विरोधी शान्त हो जायेंगे।

38. उधारी प्राप्त करने हेतु टोटका

पाठको कई बार ऐसा होता है कि व्यक्ति किसी की मदद हेतु "धन" उधार दे देता है। आगे वह स्वयं भी इस उम्मीद पर किसी से वायदा कर लेता है कि उसका पैसा अमुक समय पर आ जायेगा जिसे वह चुका देगा, परन्तु

जिसको "उधार" दिया है बह पैसा नहीं लौटाता है तो देने वाले को स्वयं "ब्याज" भुगतना पड़ता है। इससे विकट समस्याएँ उत्पन्न होने लगती है। अत: अपने दिए गए उधार को वापस पाने के लिए नीचे लिखित टोटका करें। यह उपाय वैसे तो। बहुत सामान्य लगता है किन्तु प्रयोग करने पर चमत्कारिक फल देता है -

शुक्ल-पक्ष के मंगलवार को कर्पूर जलाकर काजल बना लें। उस काजल से। जिससे आपको अपना पैसा वापस लेना हैं, उस व्यक्ति का नाम भोजपत्र पर अनार की कलम से लिखकर किसी भारी वस्तु से दबाकर रख दें।

कुछ समय बाद ही सार्थक परिणाम दिखाई देने लगेंगे। आपको अपना रूका। डूआ अथवा उधार दिया हुआ पैसा प्राप्त होने लगेगा। जब आप यह उपाय करें तो इसे अपने तक ही सीमित रखें। इसके बारे में किसी से चर्चा तक न करें।

39. कर्ज से छुटकारा पाने का अनुभूत टोटके

पाठको! किसी से उधार लेने पर उसके चुकाने की व्यवस्था न हो रही हो- व्याज बढ़ रहा हो और आय के साधन बंद हो गए हों। निरन्तर देनदारों की मांग से परेशान और दुखी हो गए हों तो इस स्थिति से मुक्ति पाने के लिए एक सामान्य और "अचूक टोटका" है- जिसे पूरी श्रद्धा तथा विश्वास से करेंगे तो त्वस्ति फल की प्राप्ति होती है। रूपये चुकाने की व्यवस्था जरूर हो जाती है।

1. टोटके इस प्रकार हैं:- आठ शनिवार श्मशान अथवा कब्रिस्तान में स्थित कुएँ अथवा बोरिंग या चापाकल से एक लोटा जल लाकर उसमें थोड़ी सी शक्कर मिला लें। इस मीठे जल को सूर्योदय से पूर्व पीपल वृक्ष की जड़ में चढ़ावें। ऐसा लगातार आठ शनिवार करें। जल लेने जाते एवं पीपल वृक्ष तक आते समय निरन्तर "शनैश्चराय नम:" मंत्र का मानसिक जाप अवश्य करते रहें। आठ शनिवार से पूर्व ही आश्चर्यजनक परिणाम प्राप्त होंगे। आपकी आय की व्यवस्था के नये साधन आपकी आय की व्यवस्था के नये साधन बनेंगे तथा राहें खुलेंगी। व्यवसाय में वृद्धि होगी और शीघ्र ही कर्ज से छुटकारा पा लेंगे।

2. दूसरा प्रयोग इस प्रकार करें:- "सिद्ध ऋण नाशक गणपति यंत्र" को नमक मिले पानी में एक घंटा डुबो दें। इसके पश्चात् कच्चे दूध से धो

लें। इसके बाद पीले कपड़े की थैली में 5 हल्दी की गांठ- 5 तांबे का पैसा, पाँच सुपारी- केशर- डालकर यंत्र को भी डाल दें। फिर उस थैली को श्री गणेश जी तस्वीर के सामने तांबे के प्लेट में रख दें। रोज धूप दीप दिखावें। थोड़े ही दिन में कर्ज की नियमित किश्त चुकाने हेतु धन का आगमन होने लगेगा। रोजगार में वृद्धि होगी तथा चिंता व तनाव दूर होकर समृद्धि के अवसर बनने लगेंगें।

3. तीसरा प्रयोग "कर्ज मुक्ति" का अति तेजस्वी प्रयोग है- इसे आजमाकर देखें - यह प्रयोग होली या दीपावली की रात्रि से शुरु किया जाय तो अति श्रेष्ठ होता है। इसे पूर्णिमा की रात्रि से भी प्रारम्भ किया जा सकता है। यह प्रयोग कर्ज से मुक्त होकर "लक्ष्मी माता" को स्थाई रूप से रिझाकर घर में रहने हेतु मजबूर कर देता है - रात्रि काल स्नान से पवित्र होकर सफेद वस्त्र धारण करें। माता लक्ष्मी की तस्वीर- या मूर्ति को पूजा स्थल पर स्थापित करें। इसके बाद एक "शंख" लें- यदि दक्षिणावर्ती शंख मिल जाए तो अति उत्तम रहेगा। उसे पंचामृत से स्नान करा लें और लाल वस्त्र पर शंख को विराजित करें। धूप-दीप जलावें एवं मेवों का भोग लगावें। एक कटोरे में चावल रख लें। "Â¡ श्री श्रिये नम:" मंत्र पढ़ें और एक चावल शंख में गिरावें।

21 बार मंत्र पढ़ें और 21 चावल शंख में गिरावें यह प्रयोग 43 दिन की रात्रि लगातार करें। तत्पश्चात् 43वें दिन की रात्रि में उस चावल का खीर बना लें और शंख में भरकर शंख को लाल कपड़े में लपेट कर तिजोरी या आलमारी में रख दें। नित्य धूप दीप करें।।

4. व्यवसाय में लिए गये कर्ज शीघ्र चुकाने हेतु आप बुधवार को 7 कौड़ी

एवं एक मुट्ठी मूँग के दाने हरे कपड़े में बाँधकर, व्यवसाय स्थल पर सात बार उसार कर किसी मंदिर की सीढ़ियों पर रख आर्यें। ध्यान रहे कि ऐसा करते हुए न कोई टोके और न ही कोई देखे।

5. व्यवसाय- शादी-विवाह या अन्य किसी भी कारण से लिए गये कर्ज चुकाने हेतु एक काले हकीक पत्थर, दो जायफल, लोहे की एक कील तथा एक मुट्ठी काले तिल शनिवार को लेकर काले कपड़े में बाँध लें तथा सूर्योदय से पूर्व पीपल की जड़ में थोड़ी सी मिट्टी हटाकर दबा दें तथा पीपल वृक्ष से शीघ्र कर्ज मुक्ति हेतु प्रार्थना करें। ऐसा सात शनिवार करने पर आपके लिए सुखद आश्चर्य होगा कि आपको कहीं न कहीं से निरन्तर धन प्राप्ति के अवसर मिल रहे हैं और व्यवसाय में वृद्धि हो रही है।

40. आमदनी बढ़ाने वाला तेजस्वी टोटका

पाठको! मेहनत के बाद भी "आमदनी" न हो तथा किसी भी कारण से। व्यापार घाटे में चल रहा हो, कर्ज का बोझ बढ़ता जा रहा हो तो एक अत्यन्त उपयोगी व सिद्धिदायक प्रयोग यहाँ बताने जा रहा हूँ -

इस प्रयोग को "ग्रहण" के दिन-ग्रहण काल से अथवा किसी शनिवार से प्रारम्भ करना चाहिए। शनिवार को सायंकाल दुकान से घर आते समय एक मुट्ठी "उरद" एक मुट्ठी काले तिल लेकर दुकान पर सात बार उसार लें। उसारते समय "Å| हनुमते नम:" का जाप करें। सातवीं बार करके समस्त उड़द व तिलों का आटा पीस लें- उसमें गुड़ मिलाकर 08 गोलियाँ बनावें। आठवें शनिवार को ये सभी गोलियाँ बहती दरिया में प्रवाहित कर दें। ऐसा करने से आपकी आमदनी बढ़ जायेगी- आजमाकर देखें।

41. भवन निर्माण में आने वाली बाधाएँ टालने वाले अचूक टोटके

| पाठको! "भूखण्ड" प्राप्ति के पश्चात् अनेक बार ऐसा होता है कि कभी धन के कारण- कभी कारीगर मजदूरों के कारण भवन निर्माण का कार्य बीच में रुक जाता है।

1. यदि भूखण्ड प्राप्त हो चुका हो और किसी कारण वश निर्माण हेतु धन व्यवस्था न हो रही हो अथवा बार-बार मुहूर्त टलता हो तो "गुरु पुष्य नक्षत्र" के| दिन "ईशान कोण" में एक "अनार का पौधा" रौंप दें। इससे भवन निर्माण हेतु धन की व्यवस्था हो जायेगी तथा विघ्न-बाधा भी दूर होगी।

2. बनने वाला भवन प्राकृतिक आपदाओं, आकाशीय बिजली इत्यादि से बचा रहे इस हेतु नींव पूजन के समय मिट्टी के कुल्हड़ अथवा कलश में तुलसी पौधे की जड़ रखकर उस कलश को नींव में दबा देनी चाहिए।

3. प्लाट खरीदने के बाद प्लाट के "ईशान कोण!" (पूर्व-उत्तर का कोना) में चापाकल लगवा दें तो भवन निर्माण हेतु धन की व्यवस्था भी हो जायेगी।

42. पुत्र व पुत्री का शीघ्र विवाह कराने वाला तिलस्मी टोटके

पाठको! विवाह सदैव ही सामाजिक एवं पारीवारिक रूप से महत्वपूर्ण दायित्व रहा है। आज विवाह में होने वाले तथा कथित आडम्बर व दिखावे तथा दहेज के कारण लड़कियों की शादी में माता-पिता को अनेकों परेशानियों का सामना करना होता है| कहीं वर ठीक मिलता है तो घर ठीक नहीं मिलता है और कहीं घर ठीक मिलता है तो वर ठीक नहीं मिलता है। परिणाम स्वरूप लड़कियों की शादी में अति विलम्ब हो जाता है। ऐसी स्थिति में अच्छा घर व वर प्राप्त करने हेतु नीचे लिखित टोटके का प्रयोग करें और शीघ्र ही अपनी पुत्री के हाथ पीले कराकर अपनी जिम्मेवारी से मुक्ति पावें -

1. यह टोटका शुक्रवार की रात्रि में करें। जिस लड़की के विवाह में रुकावट बाधाएँ आ रही हो वे एक खुला ताला और 100 ग्राम छुहारे सात बार अपने शरीर से उसार कर चौराहे पर रख आएँ। पीछे मुड़कर न देखें। यह उपाये करने से विवाह शीघ्र हो जायेगा।

2. सोमवार के दिन प्रात: काल स्नान से पवित्र होकर, लाल साड़ी-ब्लाऊज- पेटी कोट (साया) श्रृंगार की सामग्री तथा पाँच लड्डु शिव मंदिर में ले जाकर माता पार्वती के चरणों में चढ़ाएँ और मन पसन्द वर प्राप्ति हेतु उनसे मन ही मन प्रार्थना करें और प्रणाम कर घर वापस आ जाएँ।

3. सिद्ध गौरी यंत्र" गले में धारण करें तो विवाह तीन महीने के अंदर अवश्य हो जाता है।

4. लड़की हो या लड़का 43 दिन लगातार गाय को मीठी रोटी खिलावें तो विवाह बाधाएँ दूर होकर शीघ्र ही परिनय सूत्र में बंध जाता है।

5. विवाह के अभिलाषी जातक या जातिका को तब तक पीला वस्त्र धारण करना चाहिए- जब तक कहीं विवाह तय न हो। एक पीला रेशमी रूमाल भी सदैव पास में रखना चाहिए। इससे शीघ्र विवाह की सम्भावनाएँ बनती है।

6. यदि किसी के विवाह में विलम्ब हो रहा हो, तो उसे तुलसीकृत रामायण के नीचे लिखित दोहे को 4 दिन तक प्रात: काल स्नान से पवित्र होकर जरूर पढ़ना चाहिए।

जब जनक पाई वशिष्ठ- आयसु ब्याह साज संवारिके।

मांडवी श्रुत-कीरति उरमिला-

कुंवरि लाई हंकारि के ॥

शुक्ल पक्ष के शुभ मुहूर्त शुक्रवार को यह प्रयोग आरम्भ करना चाहिए।

7. बृहस्पतिवार को विष्णु-लक्ष्मी जी के मंदिर में जाकर विष्णु जी की कलगी (जो सेहरे के ऊपर लगी होती है) चढ़ाएं, विवाह शीघ्र सम्पन्न होगा।

8. सोलह सोमवार स्नान से पवित्र होर जल में कच्चा दूध मिलाकर "Å¡ सोमेश्वराय नम:" मंत्र जपते हुए वह जल "शिवलिंग" पर चढ़ाएँ। इससे विवाह अवश्य हो जाता है।

43. दाम्पत्य जीवन सदैव सुखद बना रहने हेतु अति तिलस्मी टोटके

पाठको! विवाह के पश्चात् पति-पत्नी के मध्य मधुर सम्बन्ध न बना रहे तो "दाम्पत्य जीवन तबाह" हो जाता है। दाम्पत्य जीवन को सुखद बनाए रखने हेतु निम्न टोटके अति प्रभावशाली है। यह पहल प्रयोग जो लिख रहा हूँ, पढ़ने में और सोचने में तो अटपटा लगता है, किन्तु तिलस्मी प्रभाव दिखलाता है:-

1. स्त्री अपने बाएँ पैर के जूती के बराबर तराजू पर आटा तौलकर रोटी बनाएँ और अपने पति को खिलाए तो पति सदैव वश में रहता है और "दाम्पत्य जीवन सुखद" बना रहता है।

यदि पत्नी पति के अनुकूल न चले तो पति को चाहिए कि अपने दाहिने पैरके चप्पल के बराबर तराजू पर आटा तौलकर रोटी बनाकर पत्नी को खिलाएँ यह कार्य मंगलवार या रविवार को करे।

44. अचूक "वशीकरण" टोटके

पाठकों! वशीकरण टोटकों से साधक दूसरे व्यक्ति को इस प्रकार कर देता है कि "वह उसकी इच्छा या अभिलाषा के अनुसार आचरण करने लग जाया करता है।"

देखा जाता है कि मनुष्य "सुन्दरता" के प्रति दीवाना है- "सुन्दरता" प्रत्येक को सुन्दर लगती है।

मनुष्य रूप सौन्दर्य पर मोहित होकर लावण्यवती - कामिनी स्त्री को प्राप्त जरूर करना चाहता है, परन्तु "पर स्त्री गमन" एक अनुचित, निन्दनीय तथा पाप पूर्ण कार्य है। पराई स्त्री या पराए पुरुष के साथ यौन-सम्बन्ध कायम करने- या किसी प्रकार का दुराचार करने हेतु इन टोटकों का प्रयोग नरकगामी एवं कानून के खिलाफ होगा- अत: ऐसा भूल से भी न करें।

धर्म-अधर्म विचार कर वशीकरण टोटके का प्रयोग करना चाहिए। पति- पत्नी वशीकरण- मनचाहे विवाह, जीवन-पर्यन्त साथ देना आदि स्थितियों में ही वशीकरण टोटके का प्रयोग करना चाहिए।

यहाँ अति शक्तिशाली, अनुसंधानित सरल टोटके लिख रहा हूँ- जिसे अपनाकर आप अपनी "मनोकामना" इच्छा और अभिलाषा को पूर्ण कर सकते हैं-

1. ब्रह्म दण्डी- वच- कूट- तीनों (जड़ी-बूटियाँ है- पंसारी दुकान पर मिलती है) का रविवार के दिन चूर्ण बनाकर, रविवार को ही जिस स्त्री या पुरुष को पान में डाल कर खिला देंगे तो वह सर्वदा आपके व0श में हो जाएगा।

2. यह भी अति शक्तिशाली टोटका है - काले धथूरे का फूल पुष्य नक्षत्र में"! शाखा "विशाखा नक्षत्र में" पत्ता हस्त नक्षत्र में और जड़" मूल नक्षत्र में लावें इस सबको कर्पूर, गोरोचन के साथ पीस लें और "तिलक" लगावें देखते ही आपकी मन-पसन्द सुन्दरी आप पर मर मिटेगी।

3. "पुष्य नक्षत्र" में धोबी के पैर की धूल जिस किसी सुन्दरी के सिर पे डाल दी जाय, वही वशीभूत हो जाती है।

45. दिल की दूरियाँ मिटाने हेतु अद्त टोटके

"रविवार" के दिन एक डंटल वाला पान का पत्ता ले आवें| गंगाजल में लाल चन्दन को घिसकर पान के पत्ते पर जिस व्यक्ति के कारण दिल में तनाव आया हो- उसका नाम लिखें। तत्पश्चात् पान को आम लकड़ी के पाटे पर रखकर उसपर गुलाब के फूल की कुछ पत्तियाँ रख दें। अपने "इष्ट" का ध्यान पुन: सम्बन्धों की मधुरता हेतु प्रार्थना करें। फिर पान को गुलाब की पत्तियों के साथ पीस लें।

"व्यक्ति" के नाम में जितने "अक्षर "हैं, उसकी उतनी ही गोलियाँ बना लें। एक गोली प्रतिदिन उस व्यक्ति के घर के दरवाजे पर फेंकते रहें। कुछ ही दिनों में उनके साथ "दिल की दूरियाँ" समाप्त हो जायेगी, आजमाकर देखें।

46. रूठे रूठे पति को मनाने हेतु टोटका

1. शुभ मुहूर्त के सोमवार के दिन एक छोटे से कागज पर लाल कलम से "पति का नाम" लिखकर शहद की शीशी में डुबोकर घर के किसी कोने में रख दें। कुछ ही दिनों में आपके रूठे पति आपके मनोनुकूल चलने लगेंगे।

रूठी पत्नी को मनाने हेतु टोटका

"सहदेवी" और "अपामार्ग" (औंगा) बूटी को लोहे के पात्र में अच्छी तरह

घोंटकर उसका रस निकालकर उस रस का तिलक- दिन लगाने से रूठी पत्नी मनोनुकूल हो जाती है।

प्रेमी-प्रेमिका वशीकरण टोटका

मैनसिल- काक जंघा- केशर- तगर- इन सबको समान भाग लेकर चूर्ण बना

लें। यह चूर्ण रविवार के दिन जिसके शरीर पे छिड़क देंगे वह वश में होगा।

47. बात-बेबात पर झगड़ने वाले पति को वश में करने हेतु अचूक टोटके

पाठको! कुछ महिलाओं के पति बात-बेबात पर अपनी पत्नी से झगड़ा करते रहते हैं- उन्हें डांटते रहते हैं- उसे देखना पसन्द न करते उसे अपमानित करते रहता है तो वे महिलाएँ नीचे लिखित तिलस्मी टोटके करके अपना दाम्पत्य जीवन सुखद बना सकती हैं -

1. शुक्रवार की रात ठीक 12 बजे पति के चोटी के स्थान का दो -चार बाल काट लें और उसे अपने पास रख लें| शनिवार को उन बालों को पैरों से रगड़कर बाहर फेंक दें। इस क्रिया से आपके पति की बुद्धि में धीरे-धीरे सुधार होगा और वह आपके वश में हो जायेगा।।

48. पराई स्त्री के चक्कर में फंसे पति को सही रास्ते पर लाने वाला अनूठा टोटका

शनिवार की रात सात लौंग लेकर, उस पर अपने पति का 24 बार नाम लेकर 21 बार लौंग पर फूंक मारें। फिर रविवार को वह लौंग आग में जला दें। यह टोटका सात शनिवार करें।

49. किसी को भी अपनी ओर आकर्षित करने हेतु टोटके

1. "रोहिणी नक्षत्र" "सम्मोहन" के लिए अद्भुत चमत्कारी है। इस नक्षत्र के समय में स्नान करके केले का पत्ता पीले कपड़े में लपेटकर दाहिनी भुजा में बांधकर उस व्यक्ति के पास जाएँ तो आपको देखते ही वह "सम्मोहित" हो जाएगा।

2. "पुष्य नक्षत्र" में झड़बेरी का पत्ता सिर पर (पगड़ी- टोपी- साफे आदि में) रखकर किसी पदाधिकारी के पास जायेंगे और कोई काम कहेंगे तो अवश्य मंजूर करेगा।

किसी को भी अपने वश में करने हेतु अनुभूत टोटका

1. "हस्त नक्षत्र" में पलास वृक्ष का एक पत्ता ले आवें। उस पत्ते पर उस व्यक्ति का नाम लाल चन्दन व कुशा की कलम से लिखकर, पत्ते को लाल कपड़े में लपेटकर दाहिनी भुजा पर धारण कर लें- तो वह व्यक्ति आपके वश में हो जायेगा।

2. "स्वाती नक्षत्र" में बिल्वपत्र लाकर पीली गाय के दूध में पीसें। फिर उसका जिसके नाम से "तिलक" लगायेंगे- वह आपके वश में हो जायेगा।

3. "घनिष्ठा नक्षत्र" में सफेद मदार का फूल लाकर सफेद कपड़े या डोरे में लपेट कर, जिसका नाम लेकर बाजू पर धारण करेंगे वह आपके वश में हो जायेगा।

शत्रु को वश में करने का टोटका

1. "पुष्य नक्षत्र" के शनिवार के दिन भोजपत्र पर लाल चन्दन की स्याही और मोर पंख की कलम से शत्रु का नाम लिखकर शहद की शीशी में डुबोकर- ढक्कन लगाकर घर में रख दें। वह शत्रु आपके वश में हो जाएगा।

50. अति सामान्य वशीकरण टोटके

नीचे लिखित "वशीकरण" टोटकों का प्रयोग शनिवार या रविवार को करें:

1. सिन्दूर- केशर एवं गोरोचन को आँवले के रस में पीसकर जिसके नाम से तिलक दिन लगायेंगे, वे आपके वश में हो जायेगा।

2. सहदेई के रस में तुलसी का बीज घोंटकर 2। दिन तक जिसका नाम लेकर तिलक करेंगे वह आपके वश में हो जायेगा/हो जायेगी।

3. मैनसिल एवं कर्पूर मिलाकर केले के रस में घोंटकर 5 दिन तक जिसके नाम से अपने मस्तक में तिलक लगायेंगे, वह भागा हुआ आपके पास आएगा।

4. हरताल- अष्टगंध तथा गोरोचन को केले के रस में पीसकर जिसके नाम से आप तिलक लगाना आरम्भ करेंगे वह आपके लिए 41 दिनों के अन्दर दीवाना हो जायेगा।

5. पान की जड़ का रस निकालकर 21 दिन जिसके नाम से तिलक लगायेंगे, वे व्यक्ति आपके लिए प्राण न्यौछावर करने को तैयार हो जायेगा।

6. काकड़ सिंगी- सफेद चन्दन- वच- कूट- इन चारों वस्तुओं को बराबर मात्रा में लेकर आग पर शनिवार के दिन जलावें। उसकी धुआँ में अपने धुले हुए वस्त्र में धूनी लगाबें- फिर उस वस्त्र को धारण कर जिसके आगे जायेंगे, वह आपके वश में हो जायेगा।

7. "सिद्ध हिडिम्बा यंत्र" गले में धारण जिसके नाम से करेंगे वही आपके ऊपर दिल न्यौछावर करने को तैयार हो जायेगा/हो जायेगी। यह अति अनुभूत प्रयोग है। यह यंत्र पंडित वाई.एन.झा के कार्यालय से प्राप्त कर हजारों लोग लाभान्वित हो रहे हैं।

8. सफेद दूर्बा तथा हरताल एक साथ पीसकर जिसके नाम से 17 दिन तिलक करेंगे वह आपका दास/दासी हो जायेगी।

9. चिरचिटा- भृंगराज लाजवन्ती तथा सहदेई- इन सबको पीसकर उसके रस का जिसके नाम से अपने मस्तक में तिलक लगायेंगे, वह जीवन न्यौछावर करने हेतु सदैव तैयार रहेगा/रहेगी।

– III –

महिलाओं के लिए गर्भ धारण-गर्भ रक्षा एवं सन्तान प्राप्ति टोटके खण्ड

51. संतान प्राप्ति की आवश्यकता

"संतान की आवश्यकता" पर विशेष कुछ लिखने की तो जरूरत ही नहीं न क्योंकि संतान समस्त सृष्टि के सुखमय तथा सुन्दरतम स्वरूप का साकार संकल्प है। "संतान-हीनता एक "अभिशाप" है। संसार का प्रत्येक मनुष्य, स्त्री या पुरुष चाहे किसी भी जाति, धर्म व संप्रदाय का क्यों न हो अपना "वंश" चलाने की प्रबल इच्छा उसके हृदय में प्रतिपल प्रतिक्षण विद्यमान रहती है।

क्योंकि "संतान प्राप्ति" ही मानव मात्र के जीवन की सरसता, संतुष्टि और सम्पूर्णता है।

माता-पिता की संज्ञा से अलंकृत होने का सौभाग्य अपनी सन्तान द्वारा ही प्राप्त होता है। वर्तमान तथा भविष्य का आधार संतान है जो जीवन को सुगन्धित- सुरभित व प्रकाशित करती है जिसके अभाव में परमोच्च पद, असीम ऐएवर्य एवं अपरिमित उपलब्धियाँ भी अभिशप्त हो जाती है।

संतान रहित परिवार उसी समान है - जैसे जल के बिना मेघ, वनस्पति के बिना पृथ्वी- ज्योति बिना नेत्र और राजहंस बिना मानसरोवर। नन्हें शिशुओं की किलकारियों से वंचित आंगन शापित स्थान का आभास कराता है। इस हृदय विदारक असहनीय पीड़ा के निवारण हेतु परम विद्वान मनीषियों- ऋषियों और संतों ने अपने अनुभव, अध्ययन और अनुसंधान के आधार पर विलक्षण संततिदायक टोटके प्रदान किए हैं जिनकी संविधि साधना अभीष्ट संतान प्रदायक है।

यहाँ हम संतान सम्बन्धी कुछ विशिष्ट, ज्ञान-वर्द्धक एवं उपयोगी "टोटकों"को प्रस्तुत करेंगे, जो हमारे अनुभव के अनुशीलन में सत्य सिद्ध हुए हैं -

52. स्त्री को गर्भ धारण कर, सन्तान उत्पन्न कराने वाला सरल अनमोल विभिन्न टोटके

जो स्त्री गर्भ धारण करने के योग्य हो, परन्तु गर्भ नहीं ठहरता हो- सब प्रकार का इलाज करा लेने पर भी लाभ न होता हो तो कृपया ये टोटके काम में ले, ईश्वर ने चाहा तो जरूर लाभ होगा।

1. रविवार को "सुगंधरा की जड़" एकवर्णा गौ के दूध के साथ पीस। "ऋतु काल" (मासिक धर्म के समय) में पीने से" वंध्या दोष" विनष्ट हो जाता है।

2. रजोधर्म शुद्धि के पश्चात् "काली अपराजिता कौ जड़ को बछड़ा वाली नवीन गौ के दूध में पीसकर तीन दिन पीने से- तत्पश्चात् पति के साथ सहवास करने से बंध्या स्त्री" अवश्य गर्भवती होती है।

3. जिस गाय ने पहली बार ही बछड़ा का जन्म दे, उस गाय के दूध के साथ नागकेशर का चूर्ण, रजोधर्म के बाद, सात दिन पीने के तत्पश्चात् पति सहवास करने से बन्दया स्त्री पुत्र को जन्म देती है। हर

4. नींबू के पुराने पेड़ की जड़ को दूध में पीसकर घी मिलाकर पीने से पति प्रसंग द्रः "स्त्री को "दीर्घजीवी पुत्र" प्राप्त होता है।

5. जन्म लेने के पश्चात् जिस स्त्री का पुत्र मर जाता है- उसे "मृतवत्सा कहते हैं। जिस रविवार को "कृत्तिका नक्षत्र" हो- उस दिन "पीत पुष्पा" नाम की जड़ी की जड़ ले आएँ उसे पानी में पीसकर सात दिन पिएँ तो पुनः पुत्र न मरे।

6. नागर मोथा- कंगुन- बेर- लाखरस और शहद बराबर लेकर पुराने चावल के धोवन (पुराने चावल का धोया हुआ पानी) 10 ग्राम की मात्रा में सात दिनों तक खाए तो वस्धया स्त्री भी अवश्य गर्भ धारण कर लेती है और सन्तान प्राप्त करती है।

7. कदम्ब का पत्ता- श्वेत श्रीखंड चन्दन- कटेरी की जड़ यह सब समान भाग लेकर बकरी दे दूध में पीसें। इस महौषधि को तीन रात्रि या पाँच रात्रि -ऋतुकाल के समय पीने से स्त्री अवश्य गर्भ धारण करती है और सुन्दर सन्तान प्राप्त करती है।

8. "पूर्वा फाल्गुणी नक्षत्र" में बरगद के पेड़ की जड़ लाकर लाल धागे में स्त्री बाएं बाजू में धारण करे तो पुत्र प्राप्त होता है।

9. "सिद्ध बाल गोपाल यंत्र" धारण करने से अवश्य पुत्र प्राप्त होता है।।

53. गर्भ रक्षा हेतु चमत्कारी टोटके

1. जो महिला बार-बार गर्भपात का शिकार हो जाती हैं वे गर्भवती होने के बाद निम्न टोटके करके लाभ उठावें - गाय के दूध में पदमाख लाल चन्दन- खस इन तीनों को बराबर मात्रा में मिलाकर पीस लें। एक-एक तोला 5 दिन खाने से गर्भपात नहीं होता।

2. मुलहठी- देवदारू- सिरस का बीज काली गाय के दूध के साथ पीसकर-
   5 दिन पीने से भी गर्भपात नहीं होता है।

3. सिद्ध महामृत्युञ्जय यंत्र धारण करने से गर्भ गिर ही नहीं सकता।

54. गर्भ की पीड़ा दूर करने हेतु टोटके

1. पीपल की छाल, काला तिल, सतावर - तीनों बराबर मात्रा में लेकर गौ
   के दूध में पीसकर सात दिन पीने से प्रथम मास व दूसरे मास की गर्भ
   पीड़ा

2. चन्दन- तगर- कूट- कमल की जड़- केशर- काकोली-असगन्ध बराबर
   मात्रा में लेकर, ठंडे पानी के साथ पीसकर पीने से तीसरे मास की गर्भ
   की पीड़ा जाती रहती है। _

3. गदहपूर्णा- काकोली- तगर- नील कमल, गौखरू ये सभी सम मात्रा में
   दूध के साथ पीसकर पीने से पांचवें मास की गर्भपीड़ा शान्त होती है।

4. कैथ का गूदा ठंडे पानी में पीसकर, दूध मिलाकर पीने से छठे मास की
   गर्भ पीड़ा नष्ट होती है।।

5. कसेरू- पुष्कर- सिंघोड़ा व नील कमल की पंखुड़ियां पानी में पीसकर
   पीने से सातवें मास की गर्भ पीड़ा अच्छी होती है।

6. इचन्द्रायण के बीज, कंकोल (अकोल) मधु (शहद) के साथ पीसकर खाने
   से आठवें व नवें मास की गर्भ पीड़ा शान्त होती है।

7. पुरानी खांड- मुनक्का- छुहारा- शहद व नील कमल की पंखुड़ियां बाबर
   मात्रा में दूध में पीसकर पीने से दसवें मास के गर्भ की व्यथा दूर
   होती है।

8. आँवला व मुलहठी सम मात्रा में दूध के साथ पीसकर पीने से गर्भ
   स्तम्भन पूर्ण रूपेण हो जाता है, फिर गिरता नहीं।

9. "सिद्ध विजया यंत्र" धारण करने से किसी प्रकार को गर्भ पीड़ा नहीं
   होती।

55. पुत्र प्राप्ति के अनुभूत टोटके

1. किसी बच्चे का पहला दांत जब अपने आप टूट जाय तो उस दांत को अन्य स्त्री कमर में काले धागे के साथ (काले कपड़े में लपेटकर) बांध लें- तो वह अवश्य पुत्र प्राप्त करती है। इस टोटके में उस बच्चे को कोई हानि का सामना नहीं करना होता जिसका दांत होता है, बल्कि वह बच्चा अत्यधिक पुण्य का भागीदार हो जाता है।

2. सिद्ध अधोरेश्वर यंत्र- पुत्र प्राप्ति का रामबाण महौषधि है।

56. सुखपूर्वक आसानी से "प्रसव" होने का टोटका

दशमूल का काढ़ा- थोड़ा सा सेंधा नमक को शुद्ध गाय के घी में मिलाकर पीने से प्रसव के समय दर्द नहीं होता और स्त्री आसानी से सुखपूर्वक बच्चे को जन्म देती है।

57. जादू-टोने- किए-कराए तांत्रिक दोष के द्वारा गिरने वाले गर्भ की रक्षा हेतु टोटके

कई लोग ईर्ष्या से शत्रुता से टोने-टोटके करके या किसी तांत्रिकों से कराके स्त्री के गर्भ को नुकसान पहुँचा देते हैं, परिणाम स्वरूप उस स्त्री का गर्भ बार-बार गिर जाया करता है, ऐसी नारियाँ निम्न टोटके का प्रयोग कर अपने गर्भ को स्थिर कर सुखद सन्तान की प्राप्ति करें -

रविवार के दिन कुम्हार के हाथ में लगी हुई मिट्टी ले आवें, उसे बकरी के दूध में मिलाकर पी लें गर्भ सम्बन्धी तांत्रिक दोष नष्ट हो जाते हैं और स्त्री सन्तान प्राप्त करने से पूर्ण समर्थ हो जाती है।

58. छोटे बच्चों के ऊपर से "बुरी नजर दोष"! उतारने के विभिन्न टोटके

पाठको! "बुरी नजर" से सभी परिचित हैं। इससे स्वस्थ बालक, व्यक्ति या पशु अस्वस्थ हो जाता है। बालक रोता रहता है, चिड़चिड़ा या दुबला-पतला हो जाता है और कोई भी दवाईयां उस पर असर नहीं करते। बड़े व्यक्ति को पाचन विकार आदि अनेकों रोग हो जाते हैं। गाय-भैंस दूध देना. कम कर देती है या देती ही नहीं है। ऐसी परिस्थिति में निम्नलिखित टोटकों द्वारा आप लाभ उठा सकते हैं।

1. नमक- राई- राल- लहसून- प्याज के सूखे-छिल्के व सूखी लाल मिर्च 7- अंगारे पर डालकर उस आग के रोगी के ऊपर सात सात घुमाने से बुरे नजर का दोष मिट जाता है। इसमें पाथी (गाय अथवा भैंस के गोबर का गोयठा) की आग थाली पर रखें- फिर उस पर सभी सामग्री डालकर उपयोग करें।

2. छोटे बच्चों के आँखों में काजल लगा दें और मस्तक में भी काजल का टीका रोज लगा दिया करें| इससे बालक को बुरी नजर नहीं लगती।

3. भूत-प्रेत व नजर से बचाने के लिए टोने-टोटके आदि से बचाने के लिए बच्चे के गले में काले रंग के धागे में पंचमुखी-रूद्राक्ष के एक दाने अथवा चाँदी का चन्द्रमा- तांबे का सूर्य- शेर का नाखून अथवा "सिद्ध प्रशविका यंत्र" गले में धारण करावें।

4. बच्चों की कलाई व कमर में काले रंग का धागा बाँधकर रखें।

5. शनिवार के दिन हनुमान जी के मंदिर में जाकर, प्रेम-पूर्वक हनुमान जी की अराधना कर- उनके कंधे से सिन्दूर लाकर, नजर लगे हुए व्यक्ति के माथे पर तिलक लगाने से नजर का प्रभाव दूर हो जाता है।

6. "सिद्ध ज्वाला यंत्र" बच्चों के गले में धारण कराने से नजर दोष- टोने-टोटके- तांत्रिकों द्वारा किए-कराए दोष आदि का असर नहीं होता, यदि इन दोषों से बालक पीड़ित है तो यंत्र गले में पड़ते ही समस्त दोष भस्मीभूत हो जाते हैं।

7. खाने के समय में भी बच्चों को किसी की बुरी नजर लग जाती है- ऐसी परिस्थिति में इमली की तीन छोटी डालियों को लेकर आग में जलाकर, नजर लगे व्यवित के माथे पर से सात बार घुमाकर पानी में बुझा दें और एक चम्मच वह पानी बच्चे को पिला दें, नजर दोष मिट जायेगा।

8. "सिद्ध हनुमान यंत्र" बच्चे के गले में मंगलवार के दिन लाल डोरे में धारण कराने से सभी प्रकार के नजर दोष- तांत्रिक दोश- भूत-प्रेतादि दोष मिट जाते हैं और बालक सदैव स्वस्थ बना रहता है।

9. एक कटोरी में दूध लेकर- नजर लगे व्यक्ति के ऊपर से तीन बार उसार कर एक ढकनी में उस दूध को रखकर कुत्ते को पिला दें तो नजर दोष समाप्त हो जाता है।

10. भोजन में नजर लगने पर तैयार भोजन में से सभी भोजन सामग्री थोड़ी-थोड़ी पत्ते पर लेकर, उस पर लाल गुलाब छिड़क कर, रास्ते पर रख दें फिर बाद में भोजन करें तो भोजन सामग्री से नजर दोष मिट जाता है।

11. शनिवार या रविवार की संध्या काल में,-गोबर के बनाए गये छोटी दीपक में गुड़ का टुकड़ा- सरसों तेल व रूई की बत्ती डालकर तथा उसको जलाकर दरवाजे के बीच में रखने से नजर का प्रभाव समाप्त हो जाता है।

12. नजर लगे व्यक्ति को रविवार के दिन पान में गुलाब की सात पंखुड़ियां रखकर- अपने इष्टदेव का नाम लेकर खिलाने से बुरी नजर का प्रभाव दूर होता है।

13. यदि नजर आदि की कोई बाहरी बाधा से ग्रसित हों तो घर के पास की वृक्ष की जड़ में शाम को थोड़ा दूध डालकर, अगरबत्ती जलाकर लगा दें तो बाहरी बाधा नष्ट हो जाती है। "

14. लाल मिर्च, अजवायन और पीली सरसों को एक मिट्टी के छोटे बर्तन में आग लेकर उसमें जलावें। इसका धुँआ नजर लगे बच्चों को लगाने से, बच्चों का रोना, छिछियाना आदि सब बुरी नजर का प्रभाव ठीक हो जाता है।

15. बच्चे को गले में एक मुखी- तीन मुखी या पंचमुखी रूद्राक्ष काले धागे में सोमवार के दिन धारण करावें।

59. रोते अबोध बालक को सुखपूर्वक सोने हेतु टोटका

यदि अवोध बच्चा रात को अधिक रोता है और सोता ही नहीं- उस बच्चे के गले में, बृहस्पतिवार के दिन "फिटकरी" का एक टुकड़ा सफेद वस्त्र में बाँध दें तो बच्चा सुख-पूर्वक सो जाएगा।

60. नजर दोष से बचने हेतु अवोध बालक के पालने (झूले) में बाँधने वाला टोटका

बालक के पालने में (झूले में) एक साबुत लाल मिर्च, सिन्दूर, लोहे को एक कौल और साबुत उड़द के सात दाने सफेद सूती वस्त्र में पोटली बांधकर लटका दें। किसी भी प्रकार के दृष्टि-दोष से रक्षा होगी।

वयस्क और वृद्ध व्यक्ति के ऊपर से नजर दोष एवं तांत्रिक दोष निवारक परीक्षित टोटके

1. मंगलवार और शनिवार को मंदिर में जाकर 3 या सात बार पीपल की परिक्रमा करें और सरसों तेल का दीपक जलावें।

2. दूध में पाँच चम्मच शुद्ध घी मिलाकर उसमें आक (सफेद आक) की जड़ की एक चम्मच राख डालें। इस दूध को सिर से लेकर तलवों तक मलें- तत्पश्चात् हल्के गर्म जल से स्नान कर लें। यह क्रिया सोमवार को करें। स्मरण रखें कि यह क्रिया सिर से प्रारम्भ करके तल्बों तक की जाती है। उल्टा न करें। परीक्षित है।

3. दृष्टि दोष या तांत्रिक दोष पीड़ित व्यक्ति को शनिवार के दिन पीठ के बल लिटा दें। वह कपड़ा बिना सिला हुआ और एक ही पहने हुए हो। आक का एक पीला पत्ता लें और उसे घी में चुपड़कर पीड़ित के सिर से पाँव तक 21 बार क्रम से शरीर से आधे इंच ऊपर नीचे की ओर लाकर पुन: सिर से आरम्भ करें। इस प्रकार 21- बार करके पत्ते को दहकती हुई अग्नि में डाल दें। परीक्षित है, करके देखें।

- IV -

विदेश यात्रा सम्बन्धी विभिन्न टोटके खण्ड

61. मनुष्य के दिल में विदेश यात्रा की ललक

पाठको! मनुष्य के दिल में विदेश जाकर अधिक से अधिक धन कमाने अथवा उच्च शिक्षा प्राप्त करने की "ललक" दिन प्रतिदिन बढ़ती ही जा रही है। विदेश जाना अनेकों भारतीयों का 3 सुखद स्वप्न है और वे उसे हर हालत में पूरा करना चाहते हैं। परन्तु अनेकों प्रकार की बाधाओं के कारण, आसानी से पासपोर्ट और वीजा नहीं मिलने के कारण, विदेश यात्रा कराने वाले नकली दलालों के कारण विदेश जाने में अधिकतर लोग असफल हो जाते हैं इन कठिनाईयों को देखते हुए हमने अपने दीर्घकालीन अनुभव और निरंतर साधनारत- अनुसंधारत जीवन काल के दौरान अनेकों ऐसे दुर्लभ "टोटकों" की खोज की है जिनके माध्यम से एक साधारण व्यक्ति भी विदेश गबन करके अपनी अभिलाषा- आकांक्षा और मनोहर इच्छाएँ पूर्ण कर सकता है।

62. पासपोर्ट बनने में आ रही बाधा निवारक टोटके

पाठकों! यदि आप विदेश जाने हेतु पासपोर्ट बनवाने के लिए आबेदन दे रखे हैं और वह प्राप्त होने में या बनने में अकारण ही विलम्ब और बाधाएँ उत्पन्न हो रही है तो निम्न टोटका करके अति शीघ्र पासपोर्ट प्राप्त कर सकते है

1. किसी भी महीने के शुक्लपक्ष की चतुर्थी तिथि की रात्रि को, चाँदी के पात्र में अभाव में काँशे के >लास या लोटा में गाय का कच्चा दूध भरकर- उसमें चीनी मिलाकर "चन्द्रमा को अग्रय" प्रदान करें। "शुक्ल पक्ष की चतुर्थी से आस्म्भ कर चार रात्रि लगातार उपरोक्त टोटका करें तो अति शीघ्र पासपोर्ट प्राप्त हो जायेगा।

2. सोमवार से लगातार चार दिन बहती दरिया में कच्चा दूध प्रवाहित करें।

3. "सिद्ध मनोकामना पूर्ति यंत्र" गले में धारण करें।

4. किसी भी महीने के शुक्ल पक्ष के सोमवार की रात्रि से लगातार 11 दिन की रात्रि तक चन्द्रमा को गाय घी, रूई की बाती मिट्टी के दीपक में जलाकर दिखावें।

63. "वीजा" मिलने में आ रही बाधा निवारक तिलस्मी टोटके

पाठकों! यदि आपको "पासपोर्ट" मिल गया है और "वीजा" प्राप्त करने हेतु "एम्बैसी" जाना है- अथवा "वीजा" प्राप्त करने में बार-बार असफल हो रहे हैं तो यह तिलस्मी टोटके करके वीजा प्राप्त कर विदेश यात्रा की स्वन को साकार करें:-

1. जिस दिन "एम्बैसी" में वीजा प्राप्ति हेतु आवेदन देना हो, उस दिन स्नान से पवित्र होकर- हृदय स्थल पर "शुद्ध गोरोचन" का तिलक लगाकर जाएं तो शीघ्र ही "वीजा" मंजूर हो जायेगा।

2. "सहदेवी बूटी के जड़" को पानी में घिसकर अंजन के तरह नेत्रों में लगाकर "एम्बैसी"जाएं तो आपको देखते ही पदाधिकारी सम्मोहित हो जायेंगे और फौरन आपका काम कर देंगे।

3. "सिद्ध वांछा कल्पलता यंत्र" गले में धारण करके "एम्बैसी" जाने पर अनेकों "वीजा प्राप्त कर विदेश जा चुके हैं और भरपूर धन कमा रहे हैं। यह प्रयोग तो "अलाऊद्दीन के चिराग" के समान है।

4. "गुञ्जा" अर्थात् "चिरमिटी" का जड़ विधि पूर्वक लाकर- पीसकर उसके रस का मस्तक पे तिलक लगाकर "एम्बैसी" जाने से वीजा प्राप्ति की बाधाएँ दूर हो जाती है।

64. विदेश जाने हेतु अन्य शक्तिशाली टोटके

1. "रवि पुष्य योग में" "मदार वृक्ष" (आक) की जड़ विधि पूर्वक लाकर- चाँदी की ताबीज में भरकर- गले में धारण करने से विदेश जाने में सफलता प्राप्त होती है।

2. सूर्य ग्रहण के दिन "लक्ष्मणा वृक्ष की जड़" लाकर उसमें सिन्दूर मिलाकर पीसें। पीसे हुए उस लेप का तिलक नित्य ही लगाने से विदेश यात्रा की बाधाएँ शीघ्र दूर हो जाती है।

3. स्वाती नक्षत्र में बेरी की बाँदा लाकर- लाल कपड़े में लपेट कर रख लें। जब "एम्बैसी" जाएँ अथवा विदेश यात्रा सम्बन्धी किसी भी कार्य से जाएँतो उसे उपर के पाकेट में रखकर ले जाएँ तो विदेश यात्रा की कामना अवश्य पूर्ण होगी।

4. सिद्ध चंद्र संयुक्त बृहस्पति यंत्र गले में धारण कर भी अनेकों लोग विदेश जा चुके हैं और उन्नति के मार्ग पर अग्रसर हैं।

65. विदेशों में रोजगार प्राप्त करने हेतु चमत्कारी टोटके

पाठकों! यदि आप "विदेश" जाकर भी बेरोजगार हैं- कोई नौकरी अथवा काम-धन्धा ढूंढ रहे हैं" अथवा व्यवसाय करके अकूत धन कमाना चाहते हैं तोनीचे लिखित टोटकों का प्रयोग करें, चमत्कार सामने दिखाई पड़ेगा।

1. "श्वेत आक का फूल- और जड़" धथूरे का (काले धथूरे) फूल और जड़- "रवि पुष्य योग" में लाकर उसे गोरोचन, मयूर पंख का चंदवा एवं गाय घी के साथ पीसकर लेप तैयार करें। उस लेप का तिलक लगाकर रोजगार प्राप्त करने हेतु जिसके पास जायेंगे- वे आपकी कामना अवश्य पूर्ण करेंगे।

2. "अपामार्ग" (चिरचिटा- चिरचिरी) की जड़ "रवि पुष्य योग" में लाकर- उसे पीसकर रस निकालें उस रस का तिलक लगाकर जिसके पास भी| जायेंगे, रोजगार प्राप्त कराने में आपकी अवश्य सहायता करेगा।

3. "सिद्ध उल्लू का पंख" शनिवार के दिन काले कपड़े में लपेट कर- दाहिने बाजू पर धारण करें तो विदेशों में अवश्य रोजगार प्राप्त होगा, यह अनुभूत प्रयोग है।

4. दीपावली की रात्रि में उल्लू के पंख को जलाकर, उसी रात्रि से नित्य मस्तक में चन्दन लगाने से अनेकों लोग विदेशों में लाभ उठा रहे हैं- व्यवसाय में कारोबार में मालोमाल हो रहे हैं, यह मेरा निजी शोध पर- नवीन शोध पर आधारित है।

66. विदेशों में नागरिकता प्राप्त करने एवं पक्का होने हेतु टोटका

पाठको! यदि आप कई वर्षों से विदेशों में रह रहे हैं और वहीं स्थाई रूप से रहने का इरादा बना लिए है, अथवा वहाँ की नागरिकता प्राप्त करने हेतु इच्छुक हैं, तो निम्न टोटकों का प्रयोग करें:-

1. सोमवार के दिन व्रत रखें। रात्रि के समय 4 पाव कच्चा दूध बहती दरिया में अथवा सागर में प्रवाहित करें।

2. लोहे का एवं तांबा मिश्रित धातु की अंगूठी शनिवार के दिन निर्माण करवाकर- शनिवार को ही दाहिने हाथ में अंगूठे से तीसरी उँगली में धारण करें अंगूठी का मुँह खुला होना चाहिए।

3. "सिद्ध विनायक यंत्र" गले में धारण करें और गारंटी के साथ विदेशों में नागरिकता प्राप्त करें और पक्के हो जाएँ।

67. विभिन्न टोटके खण्ड
जुआ- लॉटरी एवं सट्टे आदि जीतने वाला अनोखे टोटके

वैसे तो जुआ- लॉटरी- सट्टे आदि में धन बर्बाद नहीं करना चाहिए। परन्तु जो आठक इन आदतों के चलते बर्बाद हो चुके हैं और पुन: इसी कार्य से अपार धन कमाना चाहते हैं अथबा अक स्मात् धन प्राप्ति के स्वप्न देखते हैं तो अपने सुनहरे ख्वाब को पूर्ण करने के लिए निम्नलिखित श्रचण्ड शक्तिशाली टोटकों को अवश्य ही आजमाकर देखें और वांछित लाभ प्राप्त करें:-

1. "रवि हस्त नक्षत्र" में पमाड़ की जड़" शनिवार को विधि पूर्वक निमंत्रित करके रविवार को ब्रह्म मुहूर्त (प्रात: काल चार बजे) लाकर, गंगाजल से धोकर- लाल कपड़े में लपेटकर दाईं भुजा में बांधकर जुआ खेलने से अवश्य जीत हासिल करता है।

2. "सतभिषा नक्षत्र" में "लाल घुंघची की जड़" लाकर- उसे गंगाजल से धोकर- लाल कपड़े में लपेट कर बाजू में धारण करने से स्वप्न में लॉटरी, सट्टे- मटके आदि के नम्बर प्राप्त होते हैं।

3. "सिद्ध पीले कनेर का पुष्प" (फूल) चाँदी की ताबीज में- पीले डोरे के साथ गले में धारण करने से जुए- लॉटरी- सट्टे आदि में अवश्य जीत हासिल करता है।

68. किसी प्रकार का केस-मुकदमों में अदालत में। जीत दिलाने वाला अभूतपूर्व शक्तिशाली टोटके

वर्तमान युग में लोगों के साथ किसी न किसी प्रकार के लड़ाई-झगड़े होते ही रहते हैं। परिणाम स्वरूप अदालत में जाना पड़ता है। अंदालत में जीत हासिल करने हेतु निम्नलिखित टोटकों का प्रयोग करें:-

1. मार्गशीर्ष (अगहन मास) की पूर्णिमा के दिन "मोरशिखा की जड़" ले आवें। तत्पश्चात् "रवि उस नक्षत्र" के दिन किसी कुंवारी लड़की से उस पर लाल डोरे का सात लपेटे दिलवाकर आँउवें लपेटे में गांठ लगवा दें। फिर उसे दायीं भुजा पर बाँधकर अदालत में जाएँ तो मुकदमें में अवश्य जीत हासिल करेंगे।

2. "लाल कनेर वृक्ष की जड़" शनिवार के दिन प्रात: काल अभिमंत्रित। कर, रविवार को ले आवें। उस जड़ को लाल सिन्दूर लगाकर- लाल कपड़े में लपेट कर- कमीज के उपरी पाकेट में 5खकर अदालत में जाएँ तो मुक़दमा जीत जायेंगे।

3. "सिद्ध महा वगलामुखी यंत्र" में पीले डोरे डालकर- गले में धारण कर अदालत में जाने से मुक़दमा तो जीत ही जायेंगे साथ ही साथ समस्त आपके शत्रु पराजित हो जायेंगे, यह मेरा अभूतपूर्व अनुसंधान है।

4. अशोका वृक्ष का पत्ता" शनिवार को अभिमंत्रित कर रविवार को ले आवें उसे पगड़ी या टोपी आदि में सिर पे धारण कर अदालत में जाने से मुक़दमा जीत जाता है।

69. कैद (जेल) से मुक्त होने हेतु प्रभावशाली टोटके

पाठको! कई बार मुक़दमा हारने पर व्यक्ति को जेल जाना पड़ता है- जमानत शीघ्र नहीं होती है तो निम्न टोटके इस्तेमाल करें और शीघ्र ही कैद से मुक्त हो जाएँ।

1. भगवान शिव पे चढ़ाया हुआ काले धथूरे का फूल अपने पास रखने से कारागर से शीघ्र ही मुक्ति मिल जाती है।

2. "A¡ ह्रीं नम:" मंत्र का 108 बार रोज मंत्र जपने से जेल से छुटकारा मिल जाता है।

3. "सिद्ध बगलामुखी संयुक्त सिद्ध तारा यंत्र" गले में धारण करें और शीघ्रता-शीघ्र जेल से बाहर आ जाएँ।

4. "श्रवण नक्षत्र में" बेंत लकड़ी का टुकड़ा लाल डोरे में दाहिने बाजू पर धारण करने से कैद से मुक्ति मिलती है।

70. शत्रु को पराजित करने हेतु अति चमत्कारी टोटके

कभी-कभी मनुष्य को शक्तिशाली शत्रुओं से भी पाला पड़ जाता है, जो

अनेकों प्रकार की परेशानियां उत्पन्न करने लगते हैं। केश-मुकदमों में उल्झाने का यत्न करते हैं। ऐसे शत्रुओं को पराजित करने हेतु निम्न टोटके का प्रयोग अति प्रभावशाली साबित हो रहा है -

1. रवि पुष्य नक्षत्र में - "चमेली का जड़" लाकर- काले डोरे में गले में धारण करने से शत्रु अवश्य पराजित होते हैं।

2. "मूंज की डोरी" कमर में- रविवार के दिन धारण करने से शत्रु पराजित हो जाते हैं।

3. "लाल करेर का पुष्प" 91 दिन (बुधवार से आरम्भ कर) गणेश जी पर चढ़ाने से शत्रु अवश्य पराजित होते हैं।

4. "सिद्ध घूमावती यंत्र" शुरु को पराजित करे में "रामवाण" के समान है।

5. शनिवार की रात्रि से लगातार 43 दिन की रात्रि में "तांबे का छिद्र वाला पैसा" (एक पैसारोज ही) गंदे बहते नाले में प्रवाहित करने से शत्रु पराजित हो जाते हैं।

71. लोक सभा- विधान सभा- कॉऊन्सलर मुखिया आदि का चुनाव जीतने हेतु "रामवाण टोटके"

पाठको! "राजनीति" के होड़ में आज अनेकों लोग कूद रहे हैं- कूदना ही चाहिए क्योंकि सुयोग्य राजनीतिज्ञों- मंत्रियों के हाथों में ही देश की सुरक्षा- अर्थ व्यवस्था व प्रसासनिक व्यवस्था की जिम्मेदारी होती है। यदि आप ग्य राजनीतिज्ञ हैं- चुनाव में जीत हासिल करना चाहते हैं तो नीचे लिखित टोटकों का प्रयोग करें। चुनाव जीतने में ये टोटके "रामवाण" सिद्ध हो रहे हैं। इन टोटकों से अनेकों राजनीतिज्ञ लाभ उठा चुके हैं -

1. लौंग- केशर- चन्दन (रक्त श्रीखंड चन्दन) नाग केशर- सरसों- इलायची- मैनसिल, कूट- तगर- गोरोचन- तुलसी पत्ते- पिक्कार और कूटज को "पुष्य नक्षत्र में" बराबर मात्रा में लेकर- सबको धथूरे पत्ते व फूल के रस में कुमारी कन्या से पिसवाकर रख लें, और उसका नित्य तिलक लगाकर चुनाव प्रचार में जाएँ तो जनता आपके पक्ष में प्रभावित हो जायेगी और आप चुनाव जीत जायेंगे।

2. "रवि पुष्य योग में" "दूब" (एक प्रकार की घास है, जो गणेश जी पर भी चढ़ाई जाती है- इसे "दुभरी" भी कहते हैं) को अष्टगंध मिलाकर पीसकर रख लें। फिर उसका तिलक लगाकर चुनाव प्रचार में जाएँ तो अवश्य जीत हासिल करेंगे।

3. "सिद्ध भुवनेश्वरी यंत्र" गले में धारण करें और चुनाव जीत कर मनोवांछित पद हासिल करें।

4. पाँच प्रकार के फलों का रस बृहस्पतिबार के दिन निकालें और उसे केले के जड़ के साथ पीस लें। उस पीसे हुए घोल मस्तक पर लगाकर चुनाव प्रचार में जाएँ, तो जनता आपके पक्ष में प्रभावित होगी और आप जीत हासिल करेंगे।

72. चुनाव में टिकट हासिल करने हेतु अनुभूत टोटके

1. "बरगद" (वट वृक्ष) की जड़ को शनिवार के दिन आमंत्रित कर- रविवार के ब्रहम मुहूर्त (प्रात: काल चार बजे) में उसे काटकर ले आवें। उसे सफेद श्रीखण्ड चन्दन के साथ गंगाजल में पीसकर घोल तैयार करें। उस घोल का लगातार 43 दिन तिलक करें। इसके बाद उसका तिलक लगाकर ही अपने बड़े नेता के पास टिकट प्राप्त करने हेतु निवेदन करें तो निवेदन स्वीकार हो जाती है।

2. "रवि पुष्य योग में" चन्दन (रक्त चन्दन) गोरोचन, रोली तथा कपूर सम मात्रा में लेकर काली गाय के घी में पीसें। पीसे हुए घोल का 21- दिन तिलक करें। इसके बाद उसका तिलक लगाकर ही अपने बड़े नेता के पास टिकट प्राप्त करने हेतु निवेदन करेंगे तो निवेदन स्वीकार होगा।

3. पुष्य नक्षत्र में आक व धथूरे का फूल लाकर एवं कटेली की जड़ लाकर- सबको सुखाकर चूर्ण बना लें। इस चूर्ण को बड़े नेता के शरीर पर छिड़क दें तो वे टिकट देने हेतु राजी हो जायेंगे।

4. अनुष्ठान द्वारा सिद्ध अष्ट गणेश यंत्र गले में धारण कर अपने नेता से टिकट मांगेंगे तो सहर्ष वे आपकी प्रार्थना स्वीकार कर लेंगे।

5. "गोरोचन" का तिलक लगाकर राज्य सभा में, राज्य प्रमुख- मंत्री व सरकार के किसी भी पदाधिकारी के पास जायेंगे तो वे आपकी प्रार्थना स्वीकार कर लेंगे।

6. सफेद आक की जड़, वच, हल्दी, तीनों को (शनिवार के दिन) बराबर मात्रा में मिलाकर घोल तैयार करें। उस घोल का 24 दिन तिलक लगाने के बाद- किसी भी दिन पुन: उस घोल का तिलक लगाकर "पार्टी प्रधान" के पास जायेंगे और टिकट प्राप्ति हेतु प्रयास करेंगे तो आपका प्रयास सफल होगा।

– V –

भूत-प्रेत-चुड़ैल-डाकिनी-शैतान आदि समस्त उपरी बाधा निवारक टोटके खण्ड

73. संसार में भूत-प्रेतादि आत्माओं के "अस्तित्व"

पाठको! भूत-प्रेतादि के आत्माओं के "अस्तित्व" को संसार के सभी समाज और धर्मों में माना गया है। मानव जब मृत्यु को प्राप्त होता है तो सहज ही यह प्रश्न उठता है कि उसमें जो "शक्ति" अब तक कार्यरत थी, वह कहाँ चली गयी? इसी शक्ति को "आत्मा" माना गया है और यह "अजर-अमर" मानी गयी है। इसी कारण मृत्यु के उपरान्त भी मनुष्य का अस्तित्व माना गया है और इसी।

आधार पर मृत्यु के उपरांत मनुष्य की कल्पना भूत-प्रेतादि के रूप में की गयी हैं। "

शास्त्रों में वर्णन है कि असमय हुई मृत्यु से आत्मा अतृप्त रह जाती है और भूत-प्रेत का रूप धारण कर विचरण करती है।

ऐसा ही कुछ पितरों के "अंतिम संस्कार" के साथ भी है। "गरूण पुराण में" वर्णन है कि "पूर्ण धार्मिक रीति-रिवाजों" से यदि अंतिम संस्कार न किया जाय तो व्यक्ति "प्रेत-योनि" को प्राप्त होता है। भूत-प्रेतों से सम्बन्धित घटनाएँ प्राय: सामने आती रहती हैं और न केवल भारत में बरन विश्व के विभिन्न देशों में भी उन पर हलचल मचती रहती है। यह घटनाएँ अपनी "सत्यता" के कारण सदैव विज्ञान को आश्चर्य-चकित करती रहती हैं। इसी कारण से प्रेतत्व का आभास होता रहता है। प्राचीन काल से ही भूतों-प्रेतों का वर्णन चला आ रहा है।

फाँसी पर चढ़ाए जाने वाले, दुर्घटना में अचानक मर जाने वाले- कत्ल कर दिए जाने वाले- तांत्रिक क्रिया से मरने वाले व्यक्ति प्राय: "भूत-प्रेतादि योनि" को प्राप्त होते हैं वही तंग करना शुरु कर देते हैं। अकाल मृत्यु के कारण उनको "प्रेतयोनि" में रहना पड़ता है। इस प्रकार के प्रेत प्राय: मनुष्य जाति को नाना बे प्रकार से पीड़ित करते हैं। कुछ मनुष्यों पर वह स्वयं सवार हो जाते हैं| अर्थात् उनके शरीर व मन पर अपना अधिकार कर लेते हैं और तब ऐसे शिकार हो गए व्यक्ति पर किसी भी र प्रकार का कोई भी इलाज अपना प्रभाव नहीं दिखलाता है। कुछ अलौकिक घटनाएँ भी प्रेत का अस्तित्व बतलाती हैं। अनायास पत्थर वर्षा- पत्थर कहाँ से जा रहे हैं- इसका कुछ भी पता न चलना। घर का सामान अपने आप इधर उधर फेंक दिया जाना अथवा टंगे-टंगे या रखे-रखे कपड़ों में आग लग जाना आदि घटनाएँ इसका प्रमाण हैं।

74. भूत-प्रेतादि से ग्रसित रोगियों के "लक्षण"

पाठकों! आमतौर पर जिन "पुरुषों" पर "भूत-प्रेतादि" आत्माओं ने अपना अधिकार कर लेता है- उनके लक्षणों के बारे में बतलाया गया है कि प्रेतग्रस्त व्यक्ति अपने शरीर को ही नोचना और काटना शुरु कर देता है- खूब चिल्लाता है या एकदम चुप्पी साध लेता है। बड़बड़ाता भी है। आकाश की ओर या अकारण ही किसी ओर देखकर बातें करने लगता है। उछलना- कूदना- दौड़ना-गिरना साधारण बात हो जाती है। शरीर का रंग पीला पड़ जाता है और दिन प्रतिदिन वह दुर्बल होता जाता है। ऐसा लगता है मानो कोई उसका खून चूसे जा रहा है। आँखें हमेशा लाल रहती है, उनमें कुछ टेढ़ापन आ जाता है और हर समय त्यौरियां चढ़ी रहती हैं।

शरीर बराबर तपता है। ठीक से सोता नहीं है। कहीं भी उल्टी-दस्त कर देता है। मुँह से झाग फेंकता है, पैर पटकता है और शरीर से कुछ दुर्गन्ध भी आने लगती है।

"स्त्रियों" पर भी प्रेत प्रभाव के लक्षण इसी प्रकार के बतलाए गये हैं। अंतर केवल इतना बतलाया गया है कि वह कपड़े भी फाड़कर फेंक दिया करती हैं।शरीर पर कपड़ा रखना उनको पसंद नहीं रहता है। उनका शरीर व मन हर समय गर्म रहता है।

"बालकों" पर इनका प्रभाव पड़ने के कारण उनका लगातार रोना- बहुत सन बल कोशिशें करने के बावजूद भी चुप न होना- हाथ-पैर पटकना, बेहद मचलना-नोंचना- होंठ चबाना और दांत किटकिटाना बतलाया गया है।

75. भूत-प्रेतादि ग्रसित व्यक्तियों की पहचान

1. भूत-प्रेत आदि से ग्रसित व्यक्ति को पहले पवित्रता से शृणा होती है। वह पवित्र वातावरण में रहने से घबड़ाता है। स्नान करने से डरता है- धूप में- प्रकाश में बैठने से घबड़ता है। धुले हुए वस्त्र नहीं पहनता। मंदिर में नहीं। जाता। धूप-दीप नहीं जलाता और भगवान के दर्शन नहीं करता है।

2. उसके व्यवहार व वाणी में अपवित्रता आ जाती है।

3. उसकी आँखों के नीचे काली झुर्रियां बर जाती है और उनकी आँके डरावनी लगती है।

4. ऐसे व्यक्ति को नेत्र में नेत्र मिलाने को कहें तो नेत्र मिलाते ही वह पलकें झुका लेगा।

5. यदिदप्रेत पीड़ित व्यक्ति के शरीर में हिंसक आत्मा है तो उसकी आँखों के डोलों (आँखों की ढेली) में से चिनगारी सी निकलती हुई प्रतीत होगी तथा साधारण व्यक्ति उससे नेत्र नहीं मिला पाएगा।

6. प्रेतबाधा- विशेषकर डाकिनी-शाकिनी भूतनी व पिशाचनी से ग्रसित महिला की आँखों में देखने वाले को अपने शरीर का प्रतिबिम्ब उल्टा दिखाई देगा।

7. "भूत-प्रेतादि दोष से ग्रसित व्यक्ति के नाखूनों का रंग बदल जाएगा वह व्यक्ति नाखून बढ़ाएगा तथा उसके नाखून हिंसक जानवर की तरह नुकीले होंगे।

8. यदि प्रेतबाधा व्यक्ति कोई महिला है तो उसकी माहवारी में काले रंग का खून गिरना शुरू होगा।

9. ऐसे व्यक्ति के गुप्तांगों में विकृति आनी शुरु होगी।

10. व्यक्ति को स्वनदोष होगा। स्वण में किसी से संभोग करेगा। उसका वीर्य स्खलित होता तो कपड़ों में दाग नहीं पड़ेगा।

11. जातक का आत्म-विश्वास टूटेगा एवं मानसिक रूप से वह चिड़चिड़ा हो जाएगा। बात-बात पर काटने को दौड़ेगा। लड़ाई-मारपीट की भाषा ज्यादा बोलेगा एवं ऐसा ही आचरण करेगा।

12. ऐसा व्यक्ति भोग-विलास के समय अपने जीवन साथी से घृणा करेगा। यदि स्त्री है तो अपने पति से झगड़ा करेगी। पति के प्रत्येक कार्य में असहयोग करेगी। पति को काटने-मारने दौड़ेगी। उसको विचित्र दृष्टि से देखेगी।

13. मध्य रात्रि को बुरे स्वप्न आए, स्वण में काले कपड़े वाला पुरुष या स्त्री दिखे तो यह पिशाच बाधा का प्रारम्भिक लक्षण हैं।

14. गर्भवती स्त्री का किसी डर या भय से गर्भपात हो जाए, जच्चे-बच्चे की अप्राकृतिक मृत्यु भी पिशाच बाधा का प्रत्यक्ष प्रमाण है।

15. सुनसान जगह में व्यक्ति अथवा दोपहर को यदि कहीं लघु शंका करता है अथवा शौचादि से निवृत्त होता है और उसके बाद घर पहुँचते- पहुँचते वह अस्वस्थ हो जाता है तो निश्चित ही वह व्यक्ति प्रेतदोष से बाधित हो चुका है। ऐसा मानना चाहिए।

नोट:- पाठकों! अब मैं विभिन्न जातियों के भूतों-प्रेतों से छुटकारा दिलाने हेतु विभिन्न प्रकार के अनुभूत, अनुसंधानित टोटके लिख रहा हू

76. भूत-प्रेत से मनुष्य को मुक्ति दिलाने वाला अति सरल व तेजस्वी टोटके

पाठको! जो व्यक्ति साधारण दुर्घटना एवं भयानक रोगों का शिकार होकर "अकाल मृत्यु" प्राप्त करता है- वे साधारण भूत-प्रेत को योनि प्राप्त करते हैं। ऐसे भूतों प्रेतों से यदि मनुष्य पीड़ित हो तो नीचे लिखित टोटकों में से कोई भी एक टोटका करके इन बुरी आत्माओं से मुक्ति पाएं:-

1. जिस समय सूर्य "पुष्य नक्षत्र" में हो- उस समय "सफेद घुंघची की जड़" लाकर, काले डोरे के साथ भूत-प्रेतादि से बाधित व्यक्ति के गले में पहनाने से भूत-प्रेत आत्माएँ भाग जाती है और व्यक्ति स्वस्थ हो जाता है।

2. चंदन- सेंधा नमक, कूट- बच, सरसों तेल- घृत और चर्बी को मिलाकर. आग पर जलाएँ और उसकी धुआँ पीड़ित व्यक्ति को नाक के पास डालें तो भूत- - प्रेत छलमला कर भाग जाते हैं।

3. जावित्री और सफेद अपराजिता के पत्ते के रस का नस्य लेने से भूत-प्रेत सदा के लिए उस व्यक्ति को छोड़कर पलायन कर जाता है- परन्तु यह टोटका मंगलवार एवं शनिवार को ही प्रभावी होता है।

4. "सिद्ध महाकाली यंत्र" गले में धारण करने से किसी भी. प्रकार के भूतों-प्रेतों से सदैव 8के लिए छुटकारा मिल जाता है।

77. भयंकर डाकिनी-शाकिनी से मुक्ति दिलाने वाला तिलस्मी टोटके

पाठको। जब गर्भवती स्त्री दुर्घटना का शिकार होती है तो वह "डाकिनी" नाम की प्रेतजाति होती है। डाकिनी अत्यन्त ही भयंकर और खतरनाक होती है। इस जाति की प्रेत आत्माएँ जिसे भी पकड़ती है उसे अंततः खून की उलटियाँ ऊर-करा कर मार डालती है। "डाकिनी-शाकिनी" अत्यन्त ही क्रूर

होती है। आम तांत्रिकों को इससे छुटकारा दिलाना लोहे के चने चबाने के बराबर है। इसे भगाने हेतु मेरा यह परम तेजस्वी शोधित टोटके हैं:-

1.   इन्द्रवारुणी का पका फल-कमलगट्टा और काली मिर्च को गाय के मूत्र में पीसकर नश्य लेने से ब्रह्म राक्षस, भूत-प्रेत, डाकिनी-शाकिनी आदि भाग जाते हैं।

2.   लोहवान-गाय का घी-देवदारू-हींग-सरसों-नीम की पत्ती, इंद्र जौ-गौंदती-कुटकी-कटेली-बच-जौ, चना-बकरे के बाल तथा मोर का पंख-इन सबको बड़डे के मूत्र में पीसकर सुखा लें। फिर मिट्टी के बर्तन में अग्नि जलाकर उक्त वस्तुओं के चूर्ण का धूप दें और उसकी धुआँ रोगी को लगाबें (नाक के पास) तो डाकिनी-शाकिनी आदि चीखते-चिल्लाते भाग जाती है और पुन: कभी उसपे वार नहीं करती।

3.   बेल की जड़-देवदारू-बबूल-प्रियंगु-इन सबको एक साथ पीसकर-उसके धूप की धुआँ रोगी को नाक के पास दिखाने से सदा-सदा के लिए शाकिनी-डाकिनी, ब्रह्म राक्षत आदि उसे छोड़ जाते हैं।

4.   "सिद्ध विकराल भैरव यंत्र" गले में धारण करने से सभी प्रकार के प्रेत-दोषों से सदैव के लिए मुक्ति मिल जाती है।

78. चुड़ैल से छुटकारा पाने हेतु अमोघ टोटके

है पाठको! कुंवारी युवती लड़की जब दुर्घटना या तंत्र-मंत्र शक्तियों द्वारा

अकाल मृत्यु का शिकार होती है तो वह "चुड़ैल" नामक प्रेतनि बनती है। ये अधिकतर खूबसूरत नौजवानों को अपना शिकार बनाकर उससे सम्भोग करती है। जिससे इसके शिकार व्यक्ति का शरीर पीला पड़ जाता है, क्योंकि यह प्रेतनी उसके शरीर का खून भी चूसती रहती है और अंततः व्यक्त मृत्यु को समर्पित हो जाता है। ऐसी भयंकर चुड़ैल से छुटकारा पाने हेतु निम्न टोटके अति प्रभावशाली है- आजमाकर देखें।

1.   "पूर्वा फाल्गुनी नक्षत्र" के दिन "बहेड़ा वृक्ष" का बांधा (बंझोड़ी) लाकर उसका चूर्ण खिलाने से चुड़ैल भाग जाती है।

2.   "श्वेत लक्ष्मणा की जड़" किसी शुभ मुहूर्त में विधि पूर्वक लाकर-उसे पीसकर तिलक लगाने से चुड़ैल से सदैव के लिए छुटकारा मिल जाता है।

3. हस्त नक्षत्र में "चम्पा की जड़" लाकर- काले डोरे लपेट कर- गले में धारण करने से चुड़ैल उसे छोड़कर भाग जाती है।

4. "सिद्ध वटुक भैरव यंत्र" चुड़ैल भगाने हेतु महाकाल का कार्य करता है।

5. "अनुराधा नक्षत्र" में "चमेली की जड़" लाकर काले डोरे में गले में धारण करने से चुड़ैल भाग जाती है।

79. बाहन प्राप्त करने हेतु टोटके

पाठको! आज के भाग-दौड़ के युग में प्रत्येक व्यक्ति के पास "वाहन" की जरूरत है। अपनी सवारी होने पर कम समय में कई जगह जाकर- कई लोगों से मिलकर अपने कार्य को सम्पन्न कर सकते हैं। वाहन प्राप्त करने में अगर कोई परेशानियाँ या बाधाएँ आ रही हो तो निम्नलिखित टोटकों को प्रयोग करें, तो शीघ्र ही वाहन प्राप्त कर लेंगे।

1. शुक्रवार के दिन गऊशाला जाकर चाँच गाय को मीठी रोटी डालें। हरेक गाय को 5 मीठी रोटी खिलावें।

2. "खिरनी की जड़" रविवार के दिन लाकर सफेद डोरे में दाहिनी भुजा पर धारण करें।

3. सिद्ध विश्वकर्मा यंत्र घर की पूजा स्थल पर स्थापित करें। उपरोक्त उपाय करने पर आप शीघ्र ही वाहन प्राप्त करने में सफलता हासिल कर लेंगे।

80. शराब- स्मैक आदि की आदत छुड़ाने हेतु टोटके

पाठको! आज की नौजवान पीढ़ी विभिन्न प्रकार की नशाओं की दल-दल में फंसता जा रहा है। कोई शराब पीता है तो कोई स्मैक- तो कोई जहरिली इंजक्सनों का इस्तेमाल कर नशे की लत पूरा करते हैं। परिणाम स्वरूप अपने-अपने जीवन को तबाह करते जा रहा है। इन्हीं विकराल समस्याओं के समाधान हेतु यह परीक्षित टोटके समाज की सेवा हेतु समर्पित है -

1. जिस स्त्री का पति या पुत्र शराब पीता हो, वह स्त्री 8 शनिवार को "Åं ड शनैश्चराय नशा मुक्ति दाताय नमो नमः" यह मंत्र पढ़ते हुए एक

पावर शराब बहती दरिया में सूर्यास्त के बाद प्रवाहित करें। प्रवाहित करने के बाद हाथ जोड़ कर शनिदेव का ध्यान कर अपने पति या पुत्र का नाम लेकर हा शराब छुड़ाने हेतु उससे प्रार्थना करें।

2. "सिद्ध नशा मुक्ति माहेश्वरी यंत्र" गले में धारण करने से, धारण कर्त्ता सभी प्रकार की नशा से तौबा कर देता है।

3. "कुशा की जड़" को शनिवार के दिन आमंत्रित कर रविवार को ब्रह्म मुहूर्त में ले आवें और उसे चाँदी की ताबीज में बंद कर, काले डोरे में गले में धारण करने से जातक सभी प्रकार की नशा से नफरत करने लगता है।

4. "सुगंधरा का फूल" पीसकर जातक को 21 दिन पिलावें तो वह नशा हि करना छोड़ देता है।

81. शराब का नशा उतारने हेतु टोटका

1. मूली और फिटकिरी का पानी में पीसकर पिलाने से शराब का नशा उतर जाता है।

2. नारियल की गिरी और दूध खिलाने-पिलाने से भी शराब का नशा उतर: जाता है।

82. अफीम का नशा उतारने हेतु टोटका।

1. "सीता फल" के पत्तों का रस निकालकर पिलाने से अफीम का नशा उतर जाती है।

2. अरहर की हरी पत्तियों का रस निचोड़कर पिलाने से अफीम का नशा उतर जाती है।

83. भांग का नशा उतारने हेतु टोटका

50 ग्राम अरहर की दाल पानी में अच्छी तरह उबालकर- कोशा-ठंढा दाल बनाकर पिलाने से भांग का नशा उतर जाता है।

संसार में पहली बार वनस्पति विज्ञान में एक तिलस्मी खोज
वनस्पतियों द्वारा नवग्रहों की अनिष्टता
शांत करने हेतु विविध चमत्कारी टोटके

पाठको! ज्योतिष शास्त्र के अनुसार अनिष्ट एवं क्रुर ग्रहों के रत्न धारण करने से या अनुष्ठान कराने से ग्रहों की अनिष्टता का शमन होता है। परन्तु ज्योतिष शास्त्र के उपाय अत्यन्त कीमती एवं अत्यधिक परिश्रमी होते हैं, जो गरीब एवं निःसहाय मनुष्यों के लिए मुश्किल होता है।

इन समस्याओं के समाधान के लिए जालन्धर के विश्व प्रसिद्ध ज्योतिषाचार्य एवं तांत्रिक पंडित वाई एन.झा "तूफान" ने मानव जीवन को विभिन्न बुरे ग्रहों से बचाने के लिए एक ऐसी "वनस्पति विधि" अपने अनुसंधान से निकाली है कि

आज के युग में एक अजूबा कहा जाय तो गलत नहीं होगा| उन्होंने ज्योतिष, यंत्र- मंत्र और टोटकों की दुनियां में तहलका मचा दिया है। सर्व प्रथम उनके शोध द्वारा समर्पित है मानव कल्याण हेतु नवग्रहों की अनिष्ट दशा निवारक वनस्पति टोटके-

सूर्य:- "सूर्य" यदि अनिष्ट कौ वर्षा कर रहे हों, तो रविवार के दिन लाल धागे में विल्व वृक्ष की जड़ तथा पत्ते का मूल भाग गले में धारण करने से सूर्यदेव धारण कर्ता पर प्रसन्न होकर अनिष्ट बरसाना बंद कर देते हैं और जातक सुखी जीवन जीने लगता है।

चन्द्र:- "चन्द्रमा" की शान्ति के लिए सोमवार के दिन सिरनी की जड़ को विधिवत निमंत्रित करके लाएँ और सफेद ऊनी धागे में बाँधकर दाहिनी भुजा या गले में धारण करने से चन्द्र की प्रतिकूलता शान्त हो जाती है।

मंगल:- "मंगल" की शांति के लिए विधि-विधान सहित "अनंत मूल की जड़" लाल डोरे या सोने की ताबीज में धारण करने से मंगल ग्रह की अनिष्टता शांत हो जाती है। हे

बुध:- "बुध" के प्रकोप से बचने के लिए "विधारा की जड़" बुधवार के दिन लाकर हरे रंग के डोरे डालकर (लपेटकर) गले में धारण करें।

बृहस्पति (गुरु):-देवताओं के गुरु तथा विद्या-बुद्धि के स्वामी बृहस्पति यदि अनिष्ट प्रकोप डाल रहे हों तो जीवन कष्टमय बना देते हैं और हर जगह दुर्भाग्य का सामना करना होता है। ऐसी स्थिति में बृहस्पतिवार को केले की जड़ लाकर- पीले कपड़े में ताबीज की तरह लपेटकर, पीले डोरे में गले में धारण करें।

अथवा - ताजी हल्दी खेत से निकालकर, पीली पकी हुई गांठ का चौकोर टुकड़ा बनाकर उसमें पीले रंग के डोरे पिरोकर गले में धारण करें।

शुक्र:- शुक्र ग्रह की अनिष्टता निवारण हेतु शुक्रवार के दिन "सरपंखा की जड़" लाकर- सफेद रंग के धागे में पिसेकर गले में धारण करें।

शनि + राहु + केतु:- यदि उपरोक्त तीनों ग्रहों में से किसी भी ग्रह की अनिष्टता से परेशान हैं तो शनिवार के दिन "बिछुआ की जड़" लाकर काले धागे में पिरोकर गले में धारण करें।

84. अलाऊद्दीन के चिराग के समान शीघ्र ऊलदायक अनुसंधानित विविध टोटके खण्ड

पाठको! मानव जीवन विविध समस्याओं से घिरा है। धर्म-कर्म व मानवता से विमुख मानव अनेकानेक समस्याओं, विपत्तियों, रोग-व्याधियों से ग्रसित होकर त्राहि-त्राहि कर रहा है। डाक्टरों- वैद्यों- हकीमों- तांत्रिकों, ज्योतिषियों के पास भटक रहा है परन्तु "लाभ शून्य" क्योंकि एक रोग समाप्त होता है तो दो उत्पन हो जाते हैं। एक समस्या निपटती है तो तीन मुँह बाए सामने खड़ी हो जाती है। मन की कामना, हृदय का सुख जहाँ का तहाँ ही धरा रह जाता है और व्यक्ति "किं कर्तव्य मूढ़" बनकर अपने भाग्य पर रोता रहता है।

मानवता के "मापदण्ड" को देखते हुए इन्हीं समस्याओं के निवारण हेतु पूर्वकाल के ऋषियों-महर्षियों और देवी-देवताओं द्वारा वेदों शास्त्र में बतलाए गये टोटकों पर मैंने "शोध" किए हैं। शोध के आधार पर हमने इस पुस्तक में जो भी टोटकों का वर्णन किया हूँ वह पूर्ण रूप से सत्य है मैं परम विश्वास के साथ कहता हूँ कि इस पुस्तक में वर्णित टोटकों का प्रयोग कर आप अपने जीवन को सुखमय बना सकते हैं।

इन टोटकों को "कार्यरूप" देने से पहले, उस प्रयोग के लिए बताई गई सामग्री को पुस्तक में वर्णित विधि से ही प्राप्त करें- अन्यथा सफलता में सन्देह की सम्भावना है।

अब यहाँ पर विविध प्रकार के परिक्षित टोटके लिख रहा हूँ, जिसे अपनाकर आप अपनी सभी कामनाएँ सरलता से पूर्ण कर सकें।

85. विष धर सांपों (सर्पो) से घर परिवार को बचाने हेतु टोटके

क्या आपके घर में सांप बराबर निकलते रहते हैं? क्या आप सर्प के भय से बराबर परेशान रहते हैं? यदि ऐसी बातें है तो-

"आश्लेषा नक्षत्र में" काले धथूरे की जड़ लाकर- काले कपड़े में लपेट कर- कमरे के किबाड़ के चौकट के बीच में काले डोरे से लटका दें। आपके घर से सर्प भाग जायेंगे और कोई भी सांप आपके कपे में प्रवेश करने का हिम्मत नहीं करेगा।

86. वीर्य शीघ्र स्खलित नहीं होने वाला टोटका

क्या आपका वीर्य सम्भोग के समय शीघ्र स्खलित हो जाता है और अपनी पत्नी के सामने शर्मिन्दगी महसूस करते हैं? क्या आप "सवप्न दोष" का शिकार हो रहे हैं? यदि ऐसी बातें है तो "रोहिणी नक्षत्र में" अर्धरात्रि में- नग्न होकर- बाबची की जड़ लेकर आवें और अपने पास रखें तो उपरोक्त रोग से मुक्ति पा लेंगे।

87. घर को "अग्निभय" से बचाने वाला टोटका

क्या आपके गाँव में बराबर आग लगती रहती है? क्या आपका घर कई बार अग्नि की भेंट चढ़ चुका है? यदि ऐसी बात है तो - "कृत्तिका नक्षत्र में रोहिस की जड़" ले आवें और लाल कपड़े में लपेट कर घर में रखें। सचमुच में पुन: आपके घर में आग नहीं लगेगी।

88. नींद में बुरे स्वप्न से निजात दिलाने वाला टोटका

क्या आप नींद में बुरे, भयानक, डरावना स्वप्न देखते रहते हैं? क्या आप नींद में चीखते चिल्लाते हैं? कया स्वप्न में आपको कोई मारने काटते आता? क्या आप स्वण में भूत-प्रेतादि आदि देखकर भयभीत होते रहते हैं?

अगर ऐसी बात है तो मघा नक्षत्र में पीपल की जड़ लें आवें और चाँदी की ताबीज में भरकर, ढक्कन लगाकर, काले डोरे के साथ गले में धारण कर लें| बुरे- भयानक, डरावने, घिनौने दुःस्वप्न से छुटकारा मिल जाएगा।

89. काला से गोरा होने हेतु टोटका

क्या आपका रंग काला है और उसमें कुछ गोरापन प्राप्त करना चाहते हैं? क्या आपके कालेपन से आपके पति अप्रसन्न रहा करते हैं? काला चेहरा क्या आपको अभिशाप महसूस हो रहा है? अगर ऐसी बात है तो - "स्वाती नक्षत्र में' मोगरा की जड़ लाकर, भैंस के दूध में घिसकर या पीसकर रोज पिया करें। कुछ ही दिनों में आपके काले चेहरे पर लालिमा उत्पन्न होने लगेगी और आपकावही काला चेहरा पति के लिए प्राण, प्रेमिका के लिए भगवान साबित होगा। - आपके काले चेहरे पर ही गौरवर्ण का निखार उत्पन्न हो जाएगा।

90. पराया धन प्राप्त करने हेतु टोटका

क्या आपका ससुराल अमीर है, और ससुराल परिवार से अपने लिए कुछ धन प्राप्त करना चाहते हैं? क्या आप अपने मित्रों स, सहयोगियों से व्यवसाय आदिकार्यों के लिए ख्यये पैसे प्राप्ति की इच्छा रखते हैं? क्या आप अपने निपुत्र रिश्तेदार का धन हड़फना चाहते हैं? अगर ऐसी मंशा है तो "मूल नक्षत्र में" गूलर की जड़ लाकर, चाँदी की ताबीज में बंद कर, पीले रंग के डोरे में गले में धारण करें।

91. अपनी भाषण से जनता का दिल जीतने वाला टोटका

क्या आप लोक सभा, विधान सभा, राज्य सभा आदि में भाषण देकर उच्चप्रतिभा हासिल करना चाहते हैं? क्या आप अपनी भाषण से जनता का दिल जीतकर वोट-वटोरना चाहते हैं? क्या आप स्कूल, कॉलेज आदि को भाषण प्रतियोगिता में प्रथम स्थान प्राप्त करना चाहते हैं? अगर ऐसी तमन्ना है तो "ज्येष्ठा नक्षत्र में" जामुन की जड़ विधि-पूर्वक लाकर, चाँदी की ताबीज में बंद रक नीले डोरे के साथ गले में धारण करें।

92. कुश्ती में जीत हासिल करने हेतु टोटका

क्या आप "पहलवान" हैं, और कुश्ती प्रतियोगिता में जीत हासिल करना चाहते हैं। क्या आप राष्ट्रीय और अन्तर्राष्ट्रीय कुश्ती प्रतियोगिता में भाग लेकर भारत का परचम लहराना चाहते हैं? अगर ऐसी अभिलाषा है तो - उत्तराषाढ़ नक्षत्र में" कलगरामा की जड़ लाकर, चाँदी की ताबीज में बंद कर, लाल डेरे में मंगलवार के दिन धारण करें।।

93. लड़ाई-झगड़ों में जीत दिलाने वाला टोटका

क्या आपको मजबूरी में किसी से लड़ाई-झगड़ा करना है और उसमें जीत हासिल करना है? क्या आपसे कोई शत्रु लड़ाई करने हेतु आने वाला है और आप उस पर फतह करना चाहते हैं? अगर ऐसी समस्या है तो - "उत्तरा भाद्रपद नक्षत्र में" विधि पूर्वक पीपल की जड़ आमंत्रि करके लाकर, चाँदी की ताबीज में बंद कर लाल डोरे के साथ गले में धारण करें।

94. शत्रु को मृत्यु के हाथ सोंपने हेतु तेजस्वी टोटके

क्या आपके शत्रु आपको जान से मार देना चाहते हैं? क्या आपके शत्रु

आपके परिवार के लिए जानलेवा खतरा बन गया है? क्या आपके शत्रु आपको तबाह कर रहा है? अगर ऐसी समस्या है तो उससे पहले आप ही नीचे लिखित टोटके अपनाकर उसकी जीवन लीला समाप्त कर दे।

"भरणी नक्षत्र में" चिता की लकड़ी ले आवें और उसे शत्रु के घर-आगन या दरवाजे पर रात्रि के समय जमीन में गाड़ दें, तो शत्रु मर जायेगा।

95. सुखपूर्वक प्रसव होने हेतु अनुभूत टोटके

क्या आप गर्भवती नारी हैं और बच्चे को जन्म देने के लिए ऑपरेशन से घबड़ाती हैं? क्या आप ग्रामीण गर्भवती महिला हैं और वहाँ पर प्रसव कराने हेतु धाई या नर्स की व्यवस्था नहीं है, फिर भी आनन्द पूर्वक बच्चे को जन्म देना चाहती हैं? अगर ऐसी मुश्किलें है तो -

1. "रवि-पुष्य नक्षत्र" में धथ्रे की जड़ को लाकर रख लें। प्रसव के दर्द के समय गर्भवती स्त्री के कमर में सफेद डोरे में लपेट कर बाँध दें तो सुख-पूर्वक प्रसव होता है।

2. गर्भिणी स्त्री के हाथ में (प्रसव काल में) "चुम्बक पत्थर" रख देने से सुख पूर्वक प्रसव होता है।

3. स्त्री के कमर में बाँस की जड़, सफेद डोरे के साथ बांधने से सुख से प्रसव होता है।

4. "नीम की जड़" काले डोरे के साथ गर्भिणी के कमर में बाँधने से सुख से प्रसव होता है। "

5. अपने घर से उत्तर दिशा में उत्पन्न ईख की जड़, स्त्री के नाप के बराबर काले धागे में लपेट कर, तत्पश्चात् गर्भिणी स्त्री के कमर में बाँध दें तो सुख से प्रसव होता है, आप्रेशन की जरूरत नहीं होती।

96. गायक के कंठ का स्वर अति मधुर होने हेतु टोटके

क्या आप "गायक" हैं और अपनी "स्वर" की मधुरता से श्रोताओं के दिल

में उतरना चाहते हैं? क्या आप अपनी कोकिल कंठी आवाज को जादू दुनियाँ में विखेरना चाहते हैं? क्या गाने के समय आपकी गला घरघरांती है? अगर ऐसी बातें है तो -

1. "निर्गुण्डी बूटी की जड़" को सुखाकर चूर्ण करके तिल के तेल में पका लें। इस औषधि को चाटने से कंठ का स्वर कोकिल (कोयल) के समान मधुर हो जाता है।

2. पीपल, सोंठ, बहेड़ा और सेंधा नमक इन सबको बराबर मात्रा में लेकर, गाय के मूत्र के साथ पीसकर, नित्य उस औषधि को दिन में दो बार चाटने से स्वर अत्यन्त मधुर हो जाता है।

3. मिश्री, सोंठ और शहद इन तीनों को मिलाकर चाटने से स्वर मधुर हो जाता है।

– VI –

अनुसंधानित टोटकों द्वारा रोग निवारक खण्ड

97. वनस्पति टोटकों द्वारा रोग निदान करने हेतु

"अन्तर्राष्ट्रीय शोध सेन्टर" की पहली खोज

पाठको!आज भारतीय वैज्ञानिक और अधिसंख्यक बुद्धिजीवी लोग विज्ञान के ही एक प्रमाणिक अंग वनस्पति शास्त्र, आयुर्वेद शास्त्र के प्रति उदासीन हैं तथा वे इसकी उपयोगिता को व्यवहार में लाने के लिए रुचि ही नहीं लेते। जबकि हमारे ही इन शास्त्रों द्वारा विदेशों में "रिसर्च "हो रहा है और भारत देश का सौभाग्य है कि मैं भी उस "रिसर्च सेन्टर" का सदस्य हूँ।

वर्ष 997 में फ्रांस में अन्तर्राष्ट्रीय शोध शिविर लगा था। उसके अन्तर्गत "जड़ी-बूटियों "को लाने हेतु' नक्षत्र" "तिथि" "बार" की आवश्यकता पर शोध आरम्भ हुआ। इन शोध "ऋग्वेद" के निम्न "ऋचाओं "(श्लोकों) का सहारा लिया गया।

श्लोक
सोमेना-दित्या बलिनः सोमेन पृथ्वी मही।
अधो-नक्षत्रणा-मेषा-मुपत्ये सोम आहितः॥

हिन्दी अनुवादः- "चंद्रमा" के प्रकाश और वायु से सोमलता आदि। वनस्पतियाँ पुष्ट होती है और उनसे पृथ्वी पुष्ट होती है, इसलिए ईश्वर ने "नक्षत्रलोकों "के समीप "चन्द्रमा "स्थापित किया है।

उपरोक्त "ऋतचाओं "(श्लोकों) पर रिसर्च किया गया तो पाया कि-" सम्पूर्ण वर्ष भर में चन्द्रमा" "शरद पूर्णिमा" को पूर्ण कलाओं के साथ उदित होता है। उस दिन परिपक्क चन्द्रमा की किरण-पूजों में एक विशेष प्रकार की'

"शक्ति" छिपी होती है। फलतः अब उस रात्रि में चन्ध किरण से, नाना प्रकार की दुःसाध्य बीमारियों के निराकरण हेतु विश्व के कोने-कोने में औषधियाँ बनाई जाती है।

पाठको! रात में ही "कमल के फूल" क्यों खिलते हैं? दिन में क्यों नहीं खिलते? इस पर भी "रिसर्च "हुआ तो पाया कि चन्द्रमा की किरणों में छिपे हुए "इलेक्ट्रान "कुमुद पुष्प की पंखुड़ियों को किल्लोरत कर खिलने के लिए बाध्य कर देते है।

"शोध कर्ताओं "ने समुद्र में "ज्वार भाटा" का कारण "चन्द्रमा" को ही माना है तथा यह तथ्य हाथ लगा कि "अमावस्या "और पूर्णिमा को'फाइलेरिया आदि रोग विशेष की वृद्धि में नक्षत्र और चन्द्रमा का मुख्य हाथ है।

एकबार ज्योतिष, यंत्र-तंत्र व टोटकों के अन्तर्राष्ट्रीय शोध शिविर में भाग लेने हेतु "स्वीडन" गए। उस शोध शिविर में स्वीडन के वैज्ञानिक "डॉ. स्वांतो आर्थनियम "ने पूरे आँकड़े देते हुए स्पष्ट किया है -

औरतों का मासिक धर्म उस समय होता है जब "चन्द्रमा पर मंगल का अतिक्रमण "होता है। अर्थात् जब चन्द्रमा मंगल से चौथे स्थान में आता है तब-तब औरतें "मासिक धर्म" में आ जाती है। जब-जब सूर्य उन्तप्त होता है हमारीरक्त धाराएँ बदल जाती हैं।सूर्य की गति व रुख के अनुसार "सूर्यमुखी पुष्य" मेंपरिवर्तन आता है। जिधर सूर्य घूमता है उधर वह सीधा घूम जाता है।

पाठको! अब मैं शोध युक्त विभिन्न प्रकार के "वनस्पति टोटकों" का वर्णन कर रहा हूँ, जिसे अपना कर अपने रोगों का निदान करें।

98. "बवासीर रोग" मिटाने के लिए टोटके

पाठको! "बवासीर रोग" भी असाध्य रोग होता है। जिसे पकड़ता है वर्षों तक पीछा नहीं छोड़ता है। ऐसी परिस्थिति में -

1. "विशाखा नक्षत्र में" "धथूरे की जड़ आमंत्रित करके ले आए और काले डोरे के साथ कमर में बाँध लें तो खूनी और वादी दोनों प्रकार के बवासीर रोग मिट जायेंगे।

2. "बबूल की वृक्ष में" कभी-कभी एक ऐसा पौधा उग आता है कि जिसका पत्ता आम के पत्तों जैसा होता है, जिसे "बांदा बूटी "के नाम से जाना जाता है। अगर ऐसी बूटी मिल जाय तो शनिवार को आमंत्रित कर रविवार को काटकर उसका डंटल ले आवें। फिर काले कपड़े में लपेटकर, काले डोरे के साथ कमर में बांध लें तो जड़ से बवासीर रोग समाप्त हो जाएगा।

3. पुष्प नक्षत्र के शनिवार को, प्रातःकाल सूर्योदिय से पूर्व "आक" के सात पत्ते तोड़ लाएँ और शौच क्रिया से निवृत्त होकर, गुदा को जल से

धोकर, एक-एक पत्ते से क्रमश: गुदा को रगड़ या पोंछकर अपने शरीर के दक्षिण दिशा की ओर इन पत्तों को फेंकते जाएँ। इस क्रिया को 2 दिन तक करें तो बवासीर की जलन तथा सूजन आदि सभी कष्ट दूर हो जाते हैं।

99. "कमरगी रोग" से मुक्त होने के टोटके

"मिरगी" एक भयानक रोग होता है। यदि कोई व्यक्ति इस दुखदायी रोग से पीड़ित हो तो -

1. शनिवार के दिन "घोड़ वच बूटी "ले आवें और और उसके ॥ टुकड़े बनाकर, काले डोरे से गांठ लगाकर माला बनावें और वह माला रोगी को पहनावें तो मिरगी रोज से छुटकारा मिल जाता है।

2. ताजा "ब्रह्मबूटी की जड़" को शनिवार को आमंत्रित कर रविवार को ले आबें और काले सूत का गांठ लगाकर रोगी के गले में पहना दें तो असाध्य मिरगी रोग से भी मुक्ति मिल जाती है।

100. "पीलिया रोग" निवारक टोटका

शनिवार को आमंत्रित कर "पुनर्नवा बूटी की जड़ "रविवार को ले आवें।

हा सफेद सूती नौ धागे लेकर एक डोरा तैयार करें। उस डोरे में पुनर्नवा बूटी को 21 छोटे-छोटे टुकड़े करके माला की तरह अलग-अलग बाँध दें, तत्पश्चात् हनुमान जी का स्मरण करके रोगी के गले में पहना दें तो पीलिया रोग ठीक हो जाता है। जब रोगी ठीक हो जाय तो बूटी की माला हरे वृक्ष की डाल में लटका कर घर चले आएँ।

101. "सिरदर्द" निवारक टोटका

काकजंघा वृक्ष की जड़, अथवा मजीठा वृक्ष की जड़ या द्रोण पुष्पी की जड़ को शनिवार को आमंत्रित कर रविवार को ले आबें और सफेद धागे को लपेट

कर, सफेद डोरे के साथ ही रोगी के सिर में बाँध दें तो पुराना से पुराना सिर दर्द से भी छुटकारा मिल जाता है।।

102. "अधकपाड़ी" (आधी शीशी) रोग निवारक टोटका

अधकपाड़ी "अर्थात् आधे सिर का दर्द बहुत ही पीड़ादायक होता है। रोगी डाक्टरों, वैद्यों से इलाज करके हार जाता है, परन्तु शीघ्र यह दर्द ठीक नहीं होता।

ऐसे रोगी को रविवार के दिन "हुलहुल बूटी की जड़ "लाकर, सफेद धागे से सात गांठ उसमें लगाकर रोगी के सिर गला अथवा बाजू में धारण करावें तो आधी शीशी दर्द से रोगी बिल्कुल आराम हो जाता है। यह नुक्ता अनेकों बार आजमाया हुआ है, आप भी आजमा कर देखें।।

103. "प्रदर रोग" निवारक टोटका

महिलाओं के लिए "प्रदर रोग" एक भयानक रोग है। इस बिमारी से ग्रसितमहिला को सन्तान उत्पत्ति में बाधा आती है। अगर ऐसी समस्या है तो

"उत्तरा-फाल्गुनी नक्षत्र" में अपने घर से उत्तर दिशा की ओर से "ब्याघर| बूटी को जड़" को उखाड़कर ले आवें। उस बूटी में सफेद सूत के डोरे से पाँच गांठ लगाकर पीड़ित महिला के कमर में बाँध दें तो प्रदर रोग से मुक्ति मिल जायेगी।

104. दाद-खाज, फोड़े-फुन्सी निवारक टोटका

शनिवार के दिन "वाकुची "के बीजों को काले धागे में पिरोकर माला तैयार करें और रोगी के गले में धारण करा दें तो समस्त त्वचा रोग व फोड़े-फुन्सियों से मुक्ति मिल जायेगी।

105. सड़े-गले घावों को मिटाने वाला टोटका

रवि-पुष्य नक्षत्र" में "विठकदिर की जड़" पाँच अंगुल के परिमाण में ले

आवें और सफेद कच्चे धागे को डोरे से ग्यारह गांठ लगाकर रोगी के गले में पहना दें तो सड़ा-गला घाव भी भर जाता है और रोगी स्वस्थ हो जाता है।

106. बच्चों का "सूखा रोग" निवारक टोटका

"सूखा रोग" बच्चों के लिए अति हानिकारक होता है। ऐसे बच्चे के शरीर का मांस सूख जाता है और शरीर का रंग पीला पड़ जाता है ऐसी परिस्थिति में रविवार के दिन" मजीठ की लकड़ी में (छोटे-छोटे 21 टुकड़े) छिद्र करके लाल या सफेद धागे के डोरे को पिरोकर माला तैयार करें और सूखा रोग से पीड़ित बच्चे के गले में पहना दें तो बच्चा सूखा रोग से बिल्कुल स्वस्थ हो जायेगा।

107. बच्चों की खांसी निवारक टोटका

"लजालू बूटी की जड़" शनिवार को आमंत्रित कर रविवार को ले आवें, उसमें काला धागा बांधकर रोगी के गले में लटका देने से "खांसी रोग" से छुटकारा मिल जाता है।

108. "स्वप्न दोष" निवारक टोटका

नौजवानों में "स्व दोष" का रोग आजकल अत्यधिक पाए जाते हैं। परिणाम स्वरूप स्वास्थ्य कमजोर रहता है। ऐसी परिस्थिति में - शनिवार के दिन काले धथूरे की जड़, चाँदी की ताबीज में भरकर, काले डोरे के साथ कमर में बाँधे, तो "स्वप्न दोष" जैसी बिमारी से पूर्ण राहत मिल जाती है।

109. "कंठमाला रोग" निवारक टोटका

रविवार के दिन "लाल अपामार्ग बूटी" की हरी पत्तियों की या लकड़ी को काले डोरे के साथ माला तैयार करें| इस माला में लकड़ी के तीन टुकड़े बाँधे या तीन पत्ते बाँधे और रोगी के गले में पहना दें, तो "कंठमाला रोग" से छुटकारा मिल जायेगा।**बच्चों के दाँत सुखपूर्वक निकलने का टोटका**

"पसिरस" के बीजों की काले डोरे में माला बनाकर बच्चे के गले में धारण कराने से उसके दांत बिना तकलीफ के निकल आते हैं।

110. टूटी हड्डी जोड़ने वाला टोटका

एक्सिडेन्ट के कारण या गिर जाने के कारण यदि शरीर की हड्डियाँ टूट गई हो या सूजन आया हो, तो ऐसी परिस्थिति में - "हरजोड़ लकड़ी "के एक टुकड़े में सफेद डोरा लपेट कर रोगी के पीड़ा वाले स्थान में बाँध दें, तो हड्डियों का दर्द, सूजन, मोच आदि ठीक हो जाते हैं और स्नेह-स्नेह टूटी हड्डी भी जुड़ जाती हैं।

111. "अतिसार रोग" विनाशक टोटका

रविवार के दिन प्रात: काल अपामार्ग की जड़ उखाड़कर लें आवें और सफेद सूत के सात धागों से जड़ को लपेट कर, रोगी के गले में धारण करावें तो व्यक्ति स्वस्थ हो जायेगा।

112. "चेचक रोग" निवारक टोटका

यदि किसी व्यक्ति को चेचक हो गया हो तो "बहेड़े की गुठली "को सफेद डोरे में पिरोकर रोगी के गले में धारण करावे, तो चेचक रोग शान्त हो जायेगा।

113. कान दर्द निवारक टोटका

यदि किसी के "कान में दर्द "होता हो तो "काले रंग का डोरा "हाथ में ले और ॐ दा द्वार वासनिभ्यां नम:" मंत्र पढ़कर डोरे में एक गाँठ लगावे इस प्रकार मंत्र पढ़ते हुए एक-एक कर ग्यारह गाँठ लगाबे और रोगी के गले में वह डोरा पहना दें तो कान से सम्बन्धित सभी रोग नष्ट हो जाते हैं।

114. नींद आने हेतु टोटका

"काक जंघा की जड़ "में काला धागा लपेट कर गांठ लगा दें और उसे सिर में बाँध लें तो खूब नींद आएगी।

115. आँखों की धुन्ध दूर करने का टोटका

"सफेद चिरमिटी "और पान का पत्ता, इन दोनों को पीसकर, रस निकालकर, रस को कपड़े से छानकर आँख में आँजन लगाने से आँखों का धुन्ध दूर हो जाता हैतथा दृष्टि बढ़ती है।...

116. धरन ठिकाने आने का टोटका

धरन पड़ जाने के बाद आदमी को हिलना-डुलना भी मुश्किल हो जाता है

और आदमी बेचैन रहता है| ऐसी परिस्थिति में - "अँधा हुलि बूटी" को शनिवार के दिन आमंत्रित कर रविवार को ले आवें| फिर काले डोरे डालकर रोगी को कमर में बाँध दें तो "धरन" ठिकाने आ जाता है।

117. स्त्री के मासिक धर्म में आने वाले अधिक लहू (खून) रोकने का टोटका

रविवार के दिन "सफेद घुंघची की जड़" को लाकर काले धागे के साथ स्त्री के कमर में बाँधने से मासिक धर्म के समय अधिक खून आना बंद हो जाता है।

118. सोते हुए बालक का मूत्र न करने तथा भय छुड़ाने का टोटका

सफेद मूर्गा की कलगी (ताज) तेल या घी में तलकर बच्चे को खिलाने से वह नींद में बिस्तर पे पेशाब नहीं करता और ना ही भय से चीखता-चिल्लाता है।

119. नाक से खून बहना बंद करने का टोटका

"गाय के सूखे गोबर "को सूंघने से नाक से खून बहना बंद हो जाता है।

120. दांत का दर्द दूर करने का टोटका

गाय के सूखे गोबर को दांतों पर तथा मसूड़ों पर मलने से दांत का दर्द दूर हो जाता है।

121. कान दर्द निवारक अनुभूत टोटके

1. आक के पत्ते पर घी चुपड़ कर अग्नि पर तपावें, फिर उसका रस निकालकर कान में डालें तो कान का दर्द दूर हो जाता है।

2. "आक के जड़ "को सरसों तेल में पकाकर (जलाकर) सुखुम तेल दो बूंद कान में टपकाने से कान का दर्द मिट जाता है।

122. दाँत के कीड़े मारने का टोटका

हरड़ का चूर्ण को शहद में मिलाकर, ताँबे के पात्र में भूनकर, दाँतों के नीचे रखने से दाँत के कीड़े मर जाते हैं।

123. आँखों से पानी टपकना दूर करने का टोटका

"अदरख की जड़" को घी में पीसकर, आँखों में अंजन करने से पानी टपकना बन्द हो जाता है।

124. मिरगी के दौरे शान्त करने के शक्तिशाली टोटका

मिरगी के दौरे के कारण बेहोश पड़े व्यक्ति का स्पर्श यदि "रजस्वला स्त्री "कर दें तो वह उठकर बैठ जाता है।

125. "पित्त रोग"? शान्त करने का टोटका

"मूल नक्षत्र में" ताड़ वृक्ष के जड़ का एक छोटा सा टुकड़ा लाकर, काले धागे में बाँधकर गले में धारण करने से पित्त रोग शान्त हो जाता|

126. "मर्दानगी जोश" प्राप्त करने का टोटका

नित्य प्रात: काल "बरगद वृक्ष का दूध "10 बूंद बताशे में डालकर खाएँ

और ऊपर से एक गिलास गाय का दूध पियें| इससे जिस्म की कमजोरी दूर होकर "मर्दानगी जोश" बढ़ता है, पेशाब का जलन एवं रुक-रुक कर पेशाब आने वाली बिमारियों से छुटकारा मिल जाता है।

127. औरतों का मासिक धर्म ठीक करने के अनुभूत टोटका

1. "मजीठ" को कूट-छानकर, मासिक धर्म की तारीख से चार दिन पहले से, रोज डेढ़-डेढ़ चम्मच चूर्ण गाय के दूध के साथ पीने से रुक-रुक कर होने वाली महावारी का "रक्त-स्त्राव "खुलकर आने लगती है और मासिक धर्म की समस्त रुकावट दूर हो जाता है। यह उपयोग चार महीने करें। ध्यान रहे, दवा मासिक धर्म आने की तिथि से चार दिन पूर्व से रोज एक ही खुराक इस्तेमाल करें।

2. "इंद्रायन बूटी की जड़" आग पर जलाकर उसका धुआँ सेवन करने से भी रुक-रुक कर आने वाली महावारी ठीक हो जाती है।

128. "फाइलेरिया रोग"! से मुक्त होने का टोटका

यह टोटका पांव में होने वाली फाइलेरिया (फील पाँव) मिटाने में लाभदायक है।"'मदार "पौधे की एक छोटी सी लकड़ी काले धागे के साथ पीड़ित के पाँव में बाँध देने से फाइलेरिया का बढ़ना रुक जाता है।

129. अफरा (अजीर्ण) रोग दूर करने का टोटका

कभी-कभी अधिक भोजन कर लेने के कारण पेट अफरने लगता है, इस अवस्था में निम्नलिखित उपाय करें -

1. अधिक खाना खा लेने पर, आधा नींबू जल में निचोड़कर, उसमें काला नमक डालकर एक गिलास पी लें।

2. केले अधिक खा लेने पर एक छोटी इलायची खा लें।

3. अधिक आम खा लेने पर ऊपर से चार-पाँच "जामुन" खा लें।

130. अनेक रोगों से मुक्ति दिलाने वाला टोटका

जो व्यक्ति अनेक रोगों से पीड़ित हो, यदि वह "कृत्तिका नक्षत्र" में एक रंग वाली गाय के दूध में प्याज की पत्ती पीस कर पिए तो वह सभी रोगों से धीरे-धीरे मुक्त हो जाता है।

131. उल्टी और दस्त बंद कराने वाला टोटका

यदि किसी व्यक्ति को "उल्टी और दस्त "हो रहा हो, तो दो तोला आम वृक्षके मुलायम पत्ते कुवलकर आधा किलो पानी में उबालें। जब आधा पानी रह जायेतो उसे छानकर कोसे गर्म पानी रोगी को दो-दो घंटे पर एक-एक तोला पिलावें।

132. "पक्षाघात रोग" से मुक्त होने का टोटका

नीम और अदरख के पत्ते बराबर मात्रा में लेकर, देशी घी में भूनकर, 24 घंटे में तीन बार, तीन दिन तक रोगी को एक-एक चम्मच पिलावें और वही घी शरीरमें मालिश करें तो "पक्षाघात रोग" से मुक्ति मिल जायेगी।

133. पीलिया रोग मिटाने का जबरदस्त टोटके

अदरख, चिरैता, दोनों को समान भाग लेकर, पीसकर मटर समान गोली बना लें| प्रतिदिन सुबह -शाम एक सप्ताह तक एक -एक गोली खाएँ, तो पीलिया रोग मिट जायेगा।वमन (के, उल्दी) बन्द करने का टोटका

नारियल की जटा को जलाकर, उसकी राख में थोड़ा सफेद नमक मिलाकर, उसे आधा गिलास पानी में घोलकर, बच्चे को दिन में तीन बार एक-एक चम्मचपिलाने से" वमन रोग" दूर हो जाता है और बच्चा आराम से सोता है।

134. "सफेद कोढ़" से बचने हेतु टोटका

सावधान! मछली खाने के बाद दूध भूल से भी न पिएँ, वरना "सफेद कोढ़ हो जाएगा।गर्भ नहीं ठहरने वाला टोटकायदि आपको एक दो बच्चे हो गए हों और चाहते हों कि आपकी पत्नी कोअब गर्भ न ठहरे, तो दो माशा हल्दी का चूर्ण माहवारी होने के 2 दिन बाद तीनदिन तक ताजे पानी के साथ पिएँ, तो उस महिला को गर्भ नहीं ठहरेगा"

135. "पांव का पकूहा रोग" ठीक होने का टोटका

बरसात के समय कीचड़ और पानी में नंगे हल पर कई लोगों को पांव

में "पकूहा रोग" लग जाता है, जिससे पांव की उँगलियां गलने लगती है। इसअवस्था में रात को सोते समय पीड़ित उँगलियों में सरसों का तेल मलकर ऊपरसे मेहंदी का चूर्ण छिड़क दें। यह क्रिया एक सप्ताह तक दुहरावें।

136. बच्चों के लिए "बलवर्द्धक" टोटका

यदि आपका शिशु (बच्चा) कमजोर है तो 5 से 0 बूंद तक' तुलसी पत्ते का रस "एक चम्मच पानी में मिलाकर नित्य ही प्रातः काल पिलावें।

137. विभिन्न प्रकार के ज्वर (बुखार) उतारने का तेजस्वी टोटके

1. काक जंघा की जड़ "शनिवार को आमंत्रित कर, रविवार को ले आवें और काले डोरे के साथ महिला बाएँ और पुरुष दाएँ हाथ की कलाई में धारण कर लें, तो सभी प्रकार के ज्वर का नाश होता है।

2. काकजंघा की लकड़ी" अठारह अंगुल प्रमाण लेकर तीन दिन दातुन करने से सभी प्रकार के ज्वर उतर जाते हैं।

3. "अपामार्ग की जड़" को शनिवार को आमंत्रित कर रविवार को ले आवें और सफेद सूत के सात धागों से जड़ को लपेट कर रोगी के

गले में धारण करा दें तो ज्वर उतर जाएगा और व्यक्ति स्वस्थ हो जाएगा।

4. रविवार के दिन प्रात: काल "सफेद धथूरे की जड़" ले आवें, उसे' सफेद धागे में पिरोकर तीन गाँठ बाँधें और रोगी के दाएँ बाजू पर बाँध दें तो "शीतज्वर "से मुक्ति मिल जाएगी।.

5. "काली तुलसी की आठ पत्तियाँ" तोड़कर, आठों पत्तियों को आठ जगह (माला की तरह) काले डोरे में बाँधें और रोगी के गले में धारण करा दें, तो ज्वर शीघ्र उतर जायेगा।

सर्दी लगकर (ठंढ लगकर) आने वाला
ज्वर उतारने का तेजस्वी टोटका

1. इस ज्वर में सर्दी लगती है अर्थात् कंपकंपी आती है फिर तेज बुखार हो जाता है। ऐसी परिस्थिति में रविवार के दिन "चिरचिरी का जड़" उखाड़ कर ले आवें। उस जड़ में काले धागे से सात बार लपेट कर सात गांठ बांधे और रोगी के गले में पहना दें तो सर्दी लगकर आने वाला ज्वर उतर जाता है।

2. "अपामार्ग की वृक्ष को" शनिवार को आमंत्रित करें, रविवार के दिन ब्रह्म मुहूर्त में उसकी ढाई पत्ती ले आवें, जिस समय बुखार न हो, उस समय गुड़ के साथ खिला दें तो रुक-रुक कर आने वाला ज्वर शांत हो जाएगा।

138. अधिकतर बीमार रहने वाले
शिशु को स्वस्थ करने वाला टोटका

यदि शिशु हर समय किसी न किसी रोग से पीड़ित रहता है तथा दवा करने पर भी कुछ लाभ न होता हो तो निम्न टोटका अपनायें मंगलवार के दिन अष्टधातु का कड़ा बनवाकर ले आएँ। शनिवार के दिन उसे गंगाजल से शुद्ध करके उसमें थोड़ा सिन्दूर लगावें। फिर पवित्रता से एक बार हनुमान चालीसा का पाठ "करके शिशु के दाहिने हाथ में पहना दें। शिशु स्वस्थ हो जायेगा तथा रोगों से बचा रहेगा।

139. मोटापा कम करने के लिए टोटका

बहुत से लोग ज्यादा ही मोटे हो जाते हैं। अपने खाने पर नियंत्रण न रखकर वह इतना खाते रहते हैं कि उनकी चर्बी बढ़ जाती है। ऐसी परिस्थिति में रविवार के दिन दाहिने हाथ की अनामिका उँगली में "काला धागा" बाँध लें और उसे रांगे की अंगूठी से ढक दें। धीरे-धीरे मोटापा स्वयं कम हो जायेगा।

नोट:- पाठको! इस भाग में उन लोगों के लिए टोटकों का वर्णन किया हूँ जिसके पास "जन्म कुण्डली" नहीं है। जिनके पास' "जन्म कुण्डली" है, उनके लिए दूसरे भाग में टोटकों का निर्धारण कर रहा हूँ, जिसे अपनाकर आप अपनी समस्त समस्याओं का निदान कर अपने मंजिल को प्राप्त करें।

– VII –

"ज्योतिष शास्त्रा" के अनुसार विभिन्न स्मस्याओं के निदान हेतु 'नवीन अनुसंधन' पर आधारित विभिन्न प्रकार के शक्तिशाली टोटके भाग

140. ज्योतिष शास्त्र की महानता

पाठको! सृष्टि जगत का प्रत्येक मानव अपने जीवन की महत्वपूर्ण घटनाओं एवं परेशानियों, सुख-सम्पदा के आने वाले दिन आदि को जानने के लिए पल- पल परेशान और लालायित रहता है।

"ज्योतिष" एक विशुद्ध तेजस्तत्वीय अध्ययन है। व्यक्ति को विगत और भविष्य को तथा उसकी प्रकृति और चरित्र को जान लेना एक सफल ज्योतिषी के लिए सामान्य बात है। जैसे प्रकाश में प्रत्येक वस्तु देखी जा सकती है, वैसे ही "बेद चक्षु" (ज्योतिष) से भी कुछ अदृश्य नहीं रह सकता। ज्योतिष ने व्यक्ति के देह और उसकी मानसिक प्रवृत्तियों को ग्रह, नक्षत्र और राशियों के अनुसार वर्गीकृत किया है।

जीव ने पूर्व जन्म में जो कुछ कर्म किए होते हैं, उसका जो फल इस जन्म में मिलना होता है, ज्योतिष उसकी प्रमाणिक सूचना ग्रह, नक्षत्र और राशियों की स्थिति के माध्यम से देता है और ग्रहों की अनिष्टता शान्त करने हेतु विविध प्रकार के यंत्र-मंत्र-टोटके आदि द्वारा समाधान बतलाता है।

"जन्म कुण्डली "व्यक्ति के समग्र जीवन चरित्र और व्यक्तित्व का दर्पण है। इसमें बने बारह कोष्टक बारह भावों के नाम से जाने जाते हैं, तथा इनमें स्थित ग्रह और राशियों की स्थिति ही व्यक्ति के समग्र जीवन के रहस्यों की सूचक बनती है। जीवन को सभी व्यक्ति समान रूप से चाहते हैं और इसलिए आगत (भविष्यफल) को जान लेने की इच्छा होना भी स्वभाविक ही है। भविष्य को बताने के लिए ज्योतिष ही एकमात्र मंत्री और मार्ग-दर्शक है।

पाठकों! आज योग्य व्यक्ति बेरोजगार है और सड़कों पर इधर-उधर धक्के खा रहे हैं। स्थिति इतनी विकट है कि जातिवाद, भाई-भतीजावाद, रिश्वत एवं आरक्षण के आधार पर कई बार अयोग्य व्यक्ति भी बड़े-बड़े पदों पर पहुँच जाते हैं, जिसके पास पूर्ण योग्यता भी नहीं होती है वे कामयाब हो जाते हैं और योग्य व्यक्ति माथे पर हाथ रखकर बैठ जाते हैं।

पंडितों से मिलने पर पंडित ऐसे-ऐसे उपाय बताते हैं, जिन्हें कर पाने की सामर्थ्य ही नहीं होती, क्योंकि अधिक खर्चीले उपाय इस मंहगाई और बेरोजगारी के युग में कर पाना सम्भव ही नहीं है, अन्तत: निराश होकर आत्महत्या की सोच बैठते हैं या फिर व्यर्थ की निराश पूर्ण बातें सोच-सोचकर मानसिक और शारीरिक रूप से प्रताड़ित होते हैं और जीवन को एक बोझ समझकर जीते रहते हैं।

ऐसे गृहस्थ जो परेशान हैं और तंग हाल हैं, ऐसे युवा जो बेरोजगार हैं, नौकरी के लिए परेशान हैं, व्यवसाय में घाटा हो रहा है, बिमारियों से त्रस्त हैं, ग्रहों की अनिष्टता से नरक समान जिन्दगी जी रहे हैं, उनकी समस्त अनेकानेक समस्याओं को दृष्टिगत रखकर यह पुस्तक लिखी गई है और नवीन अनुसंधानित "टोटकों"! द्वारा सरल समाधान वर्णित किया गया है।

ऐसे तो हमारी लिखी हुई अनेकों ज्योतिष, यंत्र, मंत्र और तंत्र की पुस्तकें अमित पाकेट बुक्स" और "महामाया पब्लिकेशन्स" से प्रकाशित हैं, परन्तु इस पुस्तक में बिग्न जन्म कुण्डली वालों के लिए और जन्म कुण्डली वालों के लिए अर्थात् दोनों के लिए मात्र सरल, नवीन अनुसंधानित तेजस्वी टोटकों द्वारा समाधान बतलाए गये हैं, जिन्हें प्रत्येक व्यक्ति आसानी से कर सकते हैं।

आप इस अद्भुत पुस्तक के परम अद्भुत विषयों को पढ़कर, इसमें निहित अनमोल टोटकों को व्यवहार में लाकर अपनी समस्याओं का उपाय करके नवग्रहों के कुप्रभावों से बचकर मनोनुकूल उन्नति प्राप्त करके सुख-समृद्धि के भागी बनें तथा यदि कोई सुझाव, टोटके सम्बन्धी जड़ी-बूटियां, परम अनुसंधानित सिद्ध यंत्र अथवा जीवन भर का "भविष्य फल "प्राप्त करना चाहें तो फोन, मोबाइल नं, अथवा पत्र द्वारा सम्पर्क हमसे स्थापित करें।

पाठको! अब मैं आपको जन्म कुण्डली में विराजित नवग्रहों के "योगायोग!! के अनुसार उत्पन्न समस्याओं का समाधान अनुसंधानित सरल टोटकों द्वारा वर्णित कर रहा हूँ, जिसे अपनाकर समस्त समस्याओं से मुक्ति पाकर जीवन को" खुशहाल करें।

प्रथम खण्ड
जन्म कुण्डली में नवग्रहों के "अनिष्टकारी योग" और अनिष्टता निवारक टोटके खण्ड

141. ज्योतिष शास्त्र में "योग" किसे कहते हैं?

पाठको! मंदिर में भोग, अस्पताल में रोग और ज्योतिष में योग "का बड़ा महत्व है। "योग" शब्द की विस्तृत व्याख्या की आवश्यकता नहीं, योग "मिलन का पर्याय है। दो वस्तुओं के मिलन को "योग" और अलगाव को "वियोग' कहते हैं। एक से अधिक प्रकार की ग्रह स्थितियों के विशेष तालमेल को "योग" कहते हैं।

इन "योगों" के आधार पर की गयी "भविष्य वाणियाँ" अधिक वैज्ञानिक और सटीक होती हैं| ये योग ही फलित ज्योतिष के आधार-स्तम्भ हैं| यदि इन योगों को समझने में कहीं गलती हो जाए, कुछ त्रुटि रह जाय तो सम्पूर्ण फलित ज्योतिष का भवन ही नीचे गिर जायेगा। अत: यह बात भली-भांति समझ लेनी चाहिए कि "योग" के बिना फलित ज्योतिष का कहीं कुछ अस्तित्व शेष नहीं रह जाता।

ज्योतिष के दो भाग हैं - "गणित" और "फलित"| गणित एक गणनात्मक प्रक्रिया है, जिसकी जगह कैलकूलेटर एवं कंप्यूटर ने ले ली है। जिसकी वजह से मनुष्य का महत्व ही समाप्त हो गया है, क्योंकि कंप्यूटर मनुष्य से अधिक तेज गति से एवं सही व सूक्ष्म गणित कर लेता है। ज्योतिष का सर्वाधिक चमत्कारी एवं रोचक पक्ष है - फलित| कंप्यूटर अभी फलादेश करने में पूर्ण समर्थ नहीं हो पाया है, क्योंकि फलादेश "अनुभव गम्य" है, कंप्यूटर के पास "मैमोरी" तो है पर "अनुभव" नहीं।

"फलादेश की सत्यता ईश्वर (इष्ट) कृपा पर ही अवलंबित है। इष्ट कृपा ज्योतिष में अनिवार्य है| इष्ट कृपा से ही ज्योतिष की सुगंध फैलती है अन्यथा वह एक निर्गन्ध पुष्प है। इष्ट कृपा "साधना" से प्राप्त होती है। मशीनें साधनाएँ नहीं कर सकती क्योंकि वे निर्जीव है, आत्मा व चैतन्य शक्ति से शून्य जड़ पदार्थ हैं। अत: कंप्यूटर इत्यादि मशीनें आदमी के सहायक तो हो सकती हैं, पर सब कुछ नहीं।

पिछले एक हजार वर्षों से फलित ज्योतिष में "योग" को लेकर कोई सही काम नहीं हुआ था। परन्तु पीछे कुछ वर्षों से "अन्तर्राष्ट्रीय ज्योतिष यंत्र मंत्र

टोटके अनुसंधान केन्द्र" द्वारा भारतीय ऋषि-महर्षियों द्वारा प्राचीन पुस्तकों में से योगों को इकट्ठे करके व्यवहारिक कसौटी पर कसा गया और उनकी सत्यता की जांच की गई है और उसी का कुछ अंश आप पाठकों के हितार्थ प्रस्तुत कर रहा हूँ।

मनुष्य की जन्म कुण्डली में "निर्धनता योग" और उनके निवारण के टोटके

समस्त दु: खों का मूल "केमद्रुम योग"

पाठको! ज्योतिष के पौराणिक दुर्लभ ग्रन्थ "मानसागरी "में वर्णित है कि -

श्लोक

के मद्रुम भवति पुत्र कलत्र हीनो।
देशान्तरे बजरती दुख-समाभ्मि-तप्त:॥
ज्ञाति प्रमोद निरतों मुखर: कुचैलो।
नीच: सदा भवति भीति युत-शिचरायु: ॥
योगे केमद्गुमे प्राप्त यस्मिन-कश्मिशय जातके।
राजयोगा विनश्यति, हरि दृष्वां यथा द्विपा:॥

हिन्दी अनुवाद:- जब चन्द्रमा किसी ग्रह से युत न हो, चंद्र से द्वितीय तथा द्वादश स्थान में जब कोई ग्रह न हो तथा शुभ ग्रह चन्द्रमा को न देखते हों तो "केमद्रुम योग" बनता है। दूसरे "राजयोग" और मंगलकारी योग कुंडली में चाहे जितने बनते हों परन्तु यदि एक केमद्रुम योग बनता है तो सारे "राजयोग उसी प्रकार नष्ट हो जाते हैं जिस प्रकार से एक सिंह सारे हाथियों के समूह को भगा देता है। यह योग दुख का मूल है।

केमद्रुम योग का मानव के उपर प्रभाव

विद्वानों ने जब इस योग पर शोध किए तो पाया कि यह योग वाले मनुष्य का एकत्रित धन का नाश हो जाता है, पुत्र व पत्नी सम्बन्धी पीड़ा देता है, जातक को निरर्थक देश-विदेशों में भटकाता है। रूपयों की प्राप्त हेतु जातक दर-दर भटकता है, परन्तु रूपये एकत्रित नहीं होने देता।

142. केमद्रुम योग निवारक टोटके ह

1. किसी माह के शुक्ल पक्ष के सोमवार से आरम्भ कर लगातार 4 सोमवार 4 किलो सफेद चावल सफेद नवीन वस्त्र में बाँधकर बहती दरिया में प्रवाहित करें।

2. सिरनी की जड़ "को शनिवार के दिन आमंत्रित करें और रविवार को प्रात:काल लाकर चाँदी की ताबीज में भरकर गले में धारण करें| ताबीज में सफेद डोरे डालें।

3. "सिद्ध चन्द्र यंत्र" सोमवार के दिन सफेद डोरे में गले में धारण कर इस "दुखों के समूह योग" को शांत करें।

धन का सदैव अभाव देने वाला "शकट योग"
और उसके निवारण के टोटके

प्रश्न - "शकट योग "कैसे बनता है?

उत्तर - बृहस्पति से चन्द्रमा छठे, आठवें या बारहवें स्थान में हो और चन्द्रमा केन्द्र स्थानों में न हो तो ऐसी स्थिति में" शकट योग "बनता है।

प्रश्न - "शकट योग "का मानव के उपर क्या प्रभाव पड़ता है?

उत्तर - शकट योग"! में जन्म लेने वाला व्यक्ति दुर्भाग्यशाली होता है।

इसके पास सदैव धन का अभाव बना रहता है| इनके जीवन में बहुत सारे उतार चढ़ाव आते रहते हैं| इनके सगे-सम्बन्धी भी संकट के वक्त सहायता नहीं करते।

शकट योग निवारक टोटके

1. चारपाई अथवा पलंग के चारों पायों में चन्द्रमा उदित होने के बाद, सोमबार की रात्रि को "चाँदी का कील" लगावें।

2. आसमानी बर्फ (ओले) शीशी में बंद कर घर में कायम रखें। (3) "सिनवार के पत्ते" सोमवार के दिन चाँदी की ताबीज में बंद कर सफेद

डोरे के साथ गले में धारण करें।

143. अरबपति से खाकपति (दरिद्र) बनाने वाला "दुर्भाग्यशाली योग" और उसके निवारण के टोटके

प्रश्न - "दुर्भाग्य शाली योग"! कैसे बनता है?

उत्तर - ()' नीचे के केन्द्रे सपापे निर्धन:" अर्थात् - सूर्य नीच राशि का पीड़ित होकर यदि केन्द्र स्थानों (1,4,7,10) में हो तथा लग्नेश बलहीन हो तो यह योग बनता है।

2. "मिथुन लग्न" में सूर्य वृष, वृश्चिक या मकर राशि में हो तो "दुर्भाग्यशाली योग "बनता है।

3. "कर्क लग्न" में कुंभ या मिथुन राशि में सूर्य हो तो अति दुर्भाग्यशाली योग बनता है।

4. "सिंह लग्न" में कर्क राशि, मकर या मीन राशि में सूर्य हो तो यह योग घटित होगा।

। नोट:- इस योग की सार्थकता केवल वृष लग्न, वृश्चिक लग्न एवं मीन लग्न में पूर्ण रूप से घटित होती है। केन्द्र बाली बात मेष, कर्क, तुला एवं मकर लग्न पर लागू होती है।

प्रश्न - दुर्भाग्यशशाली योग "का मानव पर क्या प्रभाव पड़ता है।

उत्तर - अरबपति" परिवार में भी जन्म लेने वाला इस योग के जातक "खाकपति" बन जाता हैं। उसे रूपयों के लिए दूसरों के आगे हाथ पसारना पड़ जाता है। चमकता हुआ पिता के व्यवसाय को जन्म लेते ही बर्बाद कर देना है। हर समय अपने आपको तबाही के आलम में पाता है। लोग उसकी हँसी उड़ाते हैं और वह जीवित शव के समान जीवन गुजारने हेतु मजबूर हो जाता है।

नोट:- उपरोक्त योग वाले जातक अन्तर्राष्ट्रीय ज्योतिष मंच द्वारा शोधित नीचे लिखित टोटकों को अपनाकर माता-पिता के धन को बर्बादी से बचावें -

दुर्भाग्गशाली योग निवारण के टोटके

1. शोध से स्पष्ट हुआ है कि इस योग में उत्पन्न बच्चों को कैलिसियम की विशेष कमी हो जाती है, अत: "चाँदी को. चन्द्रमा" सोमवार की गलें में धारण करावें।

2. दूध भरा गिलास रात को सिरहाने रखकर प्रात: "कीकड़ वृक्ष की जड़" में डालें।

3. हर माह की पूर्णिमा की रात्रि में "गंगा स्नान" करें।

4. हर सोमवार को "शिवलिंग" पर कच्चा दूध चढ़ावें।

144. "राजदंड" से "सम्पत्ति-नाशक योग" और उसे निवारण हेतु टोटके

प्रश्न - "राजदंड से सम्पत्तिनाशक योग! कैसे बनता है?

उत्तर - नीचे श्लोक दिया गया है:-

श्लोक
ष्ठे-अष्टमे व्यये वाउपि, धन-लाभाधिपौ यदि।
लाभे कुजो धने राहु, राज दण्डाद धन-क्षय ॥

हिन्दी अनुवाद:- (मान सागरी से) यदि धनेश और लाभेश दोनों छठे, आठवें या बारहवें स्थान में हो, तथा ग्यारहवें मंगल और दूसरे भाव मेंराहुहोतो यह योग बनता है।' "पौराणिक मान सागरी ग्रन्थ" में दूसरा प्रमाण इस प्रकार है-

श्लोक
लग्नेशो अल्प बले, सूर्य-युते अर्थेशे ·न्त्ये
नीचे वा पाप दृष्टे, राजदण्डात् धन-क्षय:॥

हिन्दी अनुवाद:- यदि लग्नेश अल्पबली हो, धनेश सूर्य से युत होकर

बारहवें स्थान में हो, द्वादशस्थ नीच राशिगत या पाप दृष्ट हो तो राजा के दंड से

धन का नाश होता है।

प्रश्न - इस योग का मानव पर क्या प्रभाव पड़ता है?

उत्तर - पाठको! उपरोक्त दोनों योग वाले व्यक्ति मुकदमों में अधिक धन तबाह करने के बावजूद भी मुकदमा हार जाता है, जेल जाना पड़ता है। यदि जातक सरकारी अधिकारी है तो उच्च अधिकारियों द्वारा प्रताड़ित होता है। उसे नौकरी से यूत होने का खतरा भी बना रहता है। सरकारी अधिकारी इससे अप्रसन्न रहते हैं। इनको इनकमटैक्स से पैनेल्टी लगाने का भय और छापा पड़ने का भय बना रहता है। कुल मिलाकर इस योग में उत्पन्न व्यक्ति राज्य के द्वारा दण्डित होता है, जिसका सीधा असर जातक की आर्थिक स्थिति पर पड़ता है। जातक को अपनी तबाही के पूर्व ही निम्न टोटकों द्वारा इसका परिहार कर लेना चाहिए।

145. "राजदंड से सम्पत्तिनाशक योग" निवारण के टोटका

1. प्रतिदिन लाल चन्दन व केशर मिश्रित जल से भगवान सूर्य को अर्घ्य प्रदान करें।

2. चाल-चलन (चरित्र) ठीक रखें।

3. 5 रविवार को गड बहती दरिया में बहावें।

4. "सिद्ध सूर्य यंत्र" गले में धारण करें।

5. 11रविवार का व्रत रखें और रविवार के दिन नमक न खाएँ।

'पाठको! उपरोक्त टोटके तो अति सरल है परन्तु ज्योतिष के अन्तर्राष्ट्रीय शोध मंच के विद्वान इन टोटकों के चमत्कारिक परिणाम से चकित हो उठे| आप भी आजमाकर देखें।

146. "महा-दरिद्री योग" और उसे निवारण के अनुभूत टोटके

प्रश्न - "महादरिद्री योग" किसे कहते हैं?

उत्तर - श्लोक नीचे दिया गया है:-

श्लोक

लाभाशे नीच मे स्ते, वा भिके पाप-समन्विते।
कृते भूरि प्रयत्ने॰पि, नैव लाभ: कदाचन॥

हिन्दी अनुवाद:- लाभेष यदि छठे, आठवें एवं बारहवें स्थान में हो साथ ही लाभेष नीच का हो, अस्त हो या पाप-पीड़ित हो तो मनुष्य "महा-दरिद्र"! होता है।

दूसरा उदाहरण "जातक तत्वम् ग्रन्थ "से देखें-

श्लोक

कर्मा-धिपेन सहितो, विक्रमेशो॰पि निर्बल:।
भाग्यपो नीच मूदस्थो योगो भिक्षाणि प्रदा:॥

हिन्दी अनुवाद:- दशमेश, तृतीयेश और भाग्येश यदि निर्बल, नीचराशि गत या अस्त हो तो जातक का "भिक्षुक योग" बनता है। "

1. लाभेश यदि छठे, आठवें एवं बारहवें स्थान में हो तो "दरिद्र योग" की सृष्टि होती है।

2. दशम भाव का स्वामी यदि छठे, आठवें एवं बारहवें हो तो दुर्योग की सृष्टि होती है।

प्रश्न - उपरोक्त चारों योगों का मानव पर कया प्रभाव पड़ता है?

उत्तर:- पाठको! ऐसे जातक को अपने द्वारा किए गए परिश्रम का पूरा लाभ नहीं मिलता। धन अभाव की पीड़ा सदा बनी रहती है। ऐसा व्यक्ति धन के लिए दूसरों से याचना करता फिरता है। धन के मामले में उपर का चारों योग अति निकृष्ट योग हैं।

इस योगों में जन्म लेने वाले व्यक्ति को विनाश की जलजला देखने से पूर्व ही निम्नलिखित द्वारा उपाय लेना चाहिए।

147. "महादरिद्री योग" निवारण के अति दुर्लभ और सरल टोटके

1. हर सोमवार को बबूल पेड़ की जड़ में दूध चढ़ावें।

2. तीन सफेद पुष्प "पूर्णिमा "के दिन बहती दरिया में प्रवाहित करें। यह हर पूर्णिमा करें।

3. चाँदी के पात्र में जल पिएँ।

4. सूर्यास्त के बाद दूध नहीं पिएँ।

5. घर को पूजा स्थल पर श्रीयंत्र सिद्ध किया हुआ स्थापित करें और रोज सुबह शाम धूप-दीप दिखावें।

148. "ऋणग्रस्त योग" और उसे निवारण के अचूक टोटके

प्रश्न - "ऋणग्रस्त योग" क्या होता है?

उत्तर - श्लोक नीचे दिया गया है:-

शलोक
ऋण ग्रस्तो धने पापे, लग्नेशे व्यय संयुते।
कर्मेशे लाभ नाथेन, युते दृष्टे विशेषतः॥

हिन्दी अनुवाद:- धन स्थान में पापग्रह हो, लग्नेश बारहवें स्थान में पड़ा हो, लग्नेश नवमेश या लाभेश से युत या दृष्ट हो तो "ऋण ग्रस्त योग" बनता है। दूसरा प्रमाण देखें -

शलोक
दिनेशकर लुप्तस्तु धनेशो नीच राशगः।
पापान्विते धने रुगरे, ऋण ग्रस्तो भवेन्नरः॥

हिन्दी अनुवाद:- धनेश अस्तगत और नीच राशि का हो, धन स्थान और अष्यम स्थान पापग्रह युत या पापग्रस्त हो तो यह योग बनता है।

प्रश्न - उपरोक्त दोनों योगों का मानव पर क्या प्रभाव पड़ता है?

उत्तर - पाठकों! ऐसा जातक सदैव "ऋण ग्रस्त "ही बना रहता है। एक कर्ज उतरेगा तत्काल दूसरा चढ़ जायगा। हर समय बाधाओं के सागर में डूबा रहता है। शत्रुगण तबाहियां मचाते रहते हैं।

इन योगों में जन्म लेने वाले व्यक्ति को कर्ज से सागर से उबरने हेतु निम्नलिखित टोटकों का इस्तेमाल करना चाहिए। ये टोटके जो भी लिख रहा हूँ वह मेरा और हमारे विश्व के महान विद्वान मित्रों का परीक्षित शोध है, जो अकाट्य है।

149. ऋणग्रस्त योग निवारण के अचूक टोटके

1. इलायची, खस, शहद, अमलतास, कमल की पंखुड़ियां, कुमकुम, मेनसिल और देवदार का चूर्ण जल में मिलाकर 7 रविवार स्नान करें।

2. सिद्ध श्री गणेश + सिद्ध बगलामुखी यंत्र लाल डोरे के साथ गले में धारण करें।

3. "ॐ श्रीं नम: मंत्र का जप लक्ष्मी जी तस्वीर के समक्ष नित्य अगरबत्ती जलाकर 5 मिनट कर जोड़ कर लिया करें।

4. "बरगद के पत्ते" को शनिवार को आमंत्रित कर (अश्लेषा नक्षत्र में रविवार को ले आवें। लाल कपड़े में लपेटकर पूजा स्थल पर रखकर नित्य धूप-दीप दिखावें।

150. "पैतृक सम्पत्ति न मिलने के योग" और उसे निवारण के शोधित टोटके

प्रश्न - माता पिता की सम्पत्ति नहीं प्राप्त होने का जन्म कुण्डली में कौन-कौन से योग बनते हैं?

उत्तर - श्लोक नीचे दिया गया है:-

श्लोक
मेषे अन्द्रे घटे मन्दे, नक्रे शुक्रे।
वापे·र्क पैतृक धनं न लभते॥

हिन्दी अनुवाद:- मेष में चन्द्रमा, कुंभ में शनि, मकर में शुक्र एवं धनु राशि। में सूर्य हो तो यह योग बनता है।

प्रश्न - इस योग का मानव पर क्या प्रभाव पड़ता है?

उत्तर - पाठको! ऐसे जातक को दादा एवं पिता द्वारा अर्जित धन की प्राप्ति नहीं होती। ऐसा व्यक्ति स्वयं के पराक्रम से ही सम्पत्ति अर्जित करता है और आगे बढ़ता है। पाठको|आपको दादा-परदादा की सम्पत्ति भी प्राप्त हो जाय इसके समय समय से पूर्व ही निम्न टोटके करके भविष्य उज्जवल करें।

151. पैतृक सम्पत्ति न मिलने के योग निवारण के तेजस्वी टोटके

4. मिट्टी का खाली घड़ा छः बुधवार को बहती दरिया में प्रवाहित करें|

2. पीला धागा गले में हर समय धारण किए रहें।

3. केशर का तिलक लगावें।

4. मंदिर में (विकास कार्य हेतु) रेता (बालू) दान करें।

5. "सिद्ध वांछा कल्पलता यंत्र" गले में धारण करें।

152. व्यापार, कृषि, नौकरी, दुर्घटना आदि में अकस्मात धन हानि योग और निवारण हेतु तिलस्मी टोटके

प्रश्न - धन की अकस्मात हानि होने के जन्म कुण्डली में कौन-कौन से योग बनते हैं?

उत्तर - (1)   पाठको| अष्टमेश वक्री होकर कहीं भी बैठा हो तो अकस्मात धन की हानि होती है।

2. अष्टम स्थान में कोई ग्रह वक्री होकर बैठा है।

3. अष्टम स्थान में कोई ग्रह नीच का हो एवं अस्तगत हो।

4. यदि अष्टमेश शत्रु क्षेत्री हो।

5. यदि गोचर में राहु का अष्टम स्थान में भ्रमण हो या राहु या अन्य पाप ग्रह बैठा हो।

6. यदि बृहस्पति बारहवें हों एवं घनेश बलहीन हो तथा लग्न पर शुभ ग्रह की दृष्टि न हो।

7. यदि धनेश आठवें, बारहवें जाकर पाप ग्रस्त हो।

प्रश्न - उपरोक्त सातों योगों का मनुष्य पर क्या प्रभाव उड़ता है?

उत्तर - पाठको! इस योगों में जन्म जातक को अचानक धन की हानि होती है। धंधे, व्यापार, नौकरी या कृषि में कोई ऐसा कार्य हो जाता है कि अनायास ही धन की हानि उठानी पड़ती है। जिस प्रकार मनुष्य के जीवन में अचानक दुर्घटनाएँ घटित हो जाती है। ठीक उसी प्रकार से इन योगों के कारण मनुष्य को अचानक धन का नुकसान उठाना पड़ता है।

आकस्मिक धन हानि के बचाव हेतु मनुष्य को निम्नलिखित टोटकों. का इस्तेमाल पूर्व ही कर लेना चाहिए।

अकस्मात धन हानि योग निवारक टोटके

1. "पीले कनेर का पुष्प" नित्य ही गुरु प्रतिमा या तस्वीर पर चढ़ाएँ।

2. चमेली के 9 पुष्प बृहस्पतिवार (9 बृहस्पतिवार) को बहती दरिया में प्रवाहित करें।

3. बृहस्पतिवार के दिन पीले वस्त्र मंदिर में दान करें।

4. "सिद्ध श्री गणेश संयुक्त तारा यंत्र" गले में धारण कर अकस्मात धन की हानि होने से अपने जीवन को बचावें।

5. "केले वृक्ष की जड़" बृहस्पतिवार के दिन सोने की ताबीज में बंद कर पीले डोरे के साथ गले में धारण करें।

सम्पूर्ण शिव उपाप्तना

अति शीतघ्र प्रसन्न होकर दर्शन देकर, कृतार्थ करने वाले भोले भंडारी

भगवान शिव की आराधना, उपासना करने से उनके भक्तों का परम कल्याण हुआ है। प्रसन्न होने पर भगवान रुद्र देव भक्तों के भण्डार भर देते हैं। इस पुस्तक में भगवान शिवजी की उपासना, आराधना, हवन पूजन आदि का विस्तृत वर्णन है । मंत्रों द्वारा पूजन, ध्यान आदि का गूढ़ रहस्य जिसके करने से है भगवान शिव अति शीतघ्र प्रसन्न होकर भक्तों की मुरादें पूर्ण करते हैं। यह पुस्तक आज ही मंगाकर पढ़ें और लाभ उठायें| क्योंकि शिव भक्तों के हित के लिए ही यह पुस्तक हमने छपी है।घरबैठे पुस्तकप्राप्त करने के लिए 50/- रु. का मनीआर्डर अवश्य भेजें।

सम्पूर्ण गणेश उपासना

सभी प्रकार की पूजा, अर्चना, आराधना, हवन, विवाह शादी, गृह प्रवेश आदि शुभ कार्यों में विघ्म विनाशक गणेश जी की सर्वप्रथम पूजा होती ह अर्थात् "प्रथम पूज्य" हैं| किसी भी कार्य का शुभारम्भ करना होता है तो शिव पुत्र गणेश जी के नाम का ही उच्चारण होता है" - श्री गणेशाय नम: "यह जानने के बाद भी यदि गणेश जी की आराधना आप विधिवत रुप में न कर सकें तो यह महान् भाग्य है। गणेश जी के भक्तों के लिए यह अनमोल पुस्तक महान लाभकारी ओर फलदायक है| घर बैठे आज ही पुस्तक प्राप्त करने के लिए 50/- रु. का मनी आर्डर भेजें। आपको हम वी. पी. द्वारा पुस्तक भेज देंगे। ॥

महामाया पब्लिकेशन्स, नज़दीक चौंक अड्डा टांडा, जालन्धर-222696

– VIII –

जन्म कुण्डली केद्वादश लग्नों के आधार पर निर्धनता, ... दरिद्री, कर्ज, व्यवसाय में हानि योग औरनिवारण मं के अति प्रभावशाली टोटके खण्ड

मेष लग्न में निर्धनता योग और निवारण के टोटके| हा (1) मेष लग्न में दशम भवन का स्वामी शनि ना यदि छठे, आठवें या बारहवें स्थान में हो तो जातक को| परिश्रम का पूरा लाभ नहीं मिलता, जन्म स्थान में नहीं माता, तथा धन की सदैव कमी बनी रहती है।

अनिष्टता निवारक टोटके

काले वस्त्र में 7 मुट्ठी काले तिल शनिवार के दिन बाँधकर शनिदेव के मंदिर में चढ़ावें।

2. मेष लग्न में लग्नेश मंगल यदि छठे, आठवें या बारहवें स्थान में हो एवं सूर्य तुला राशि का सातवें (केन्द्र) स्थान में हो तो व्यक्ति धन के मामले में अति कमजोर होता है।

अनिष्टता निवारक टोटके

(क) 10 मंगलवार लगातार हनुमान जी को चमेली के तेल में सिन्दूर मिलाकर चोले चढ़ावें।

(ख) "सिद्ध हनुमान यंत्र" गले में धारण करें।

(ग) तांबे का छिद्र वाला 5 पैसा रविवार के दिन बहती दरिया में प्रवाहित करें।

3. धन स्थान में पाप ग्रह हो तथा लाभेश शनि छठे, आठवें या बारहवें स्थान में हो तो व्यक्ति दरिद्र होता है।

अनिष्टता निवारक टोटके

(क) शनिवार के दिन उड़द का पापड़ खाया करें। यह कम से कम आठ

जा शनिवार लगातार जरूर खाएँ।

(ख) शनिवार को सरसों तेल का दीपक (संध्या काल में) शनि मंदिर में या हा पीपल वृक्ष की जड़ के पास जलाया करें।

(ग) "सिद्ध शनि यमाग्रज यंत्र" गले में धारण करें।

4. मेष लग्न में केन्द्र स्थानों को छोड़कर चन्द्रमा बृहस्पति से यदि छठे, आठवें न या बारहवें स्थान में हो तो" शकट योग बनता है, जिसके

कारण व्यक्ति छ को सदैव धन का अभाव बना रहता है और व्यवसाय में हानि का सामना न करना होता है।

अनिष्टता निवारक टोटके

(क) शीशे के बर्तन में पानी या दूध न पियें।

(ख) चावल व चाँदी सोमवारकेदिन माता सेदान लेकर जीवन भरसंभाल कर रखें। "

(ग) "सिद्ध बृहस्पति यंत्र' गले में धारण करें।"

5. मेष लग्न में धनेश मंगल अस्त हो, नीच राशि (कर्क) में हो तथा धन स्थान एवं अष्टम स्थान में कोई पापग्रह हो तो व्यक्ति सदैव ऋण ग्रस्त रहता है। कर्ज उसके सिर से उतरता नहीं।

अनिष्टता निवारक टोटके

(क) मिट्टी के घड़े में गुड़ भरकर, मंगलवार के दिन विरान स्थान में दबावें|

(ख) पाँच मंगलवार लगातार, 5 छुहारे गंगाजल में उबाल कर बहती दरिया में प्रवाहित करें।

(ग) "सिद्ध मंगल यंत्र" जले में धारण करें। क्

6. मेष लग्न में लाभेष शनि यदि छठे, आठवें या बारहवें स्थान में हो तो तथा धनेश अस्तगत हो या पाप पीडित हो तो जातक महादरिद्र होता है।

अनिष्टता निवारक टोटके

(क) किसी भी नशा का सेवन भूल से भी न करें।

(ख) कौओं को नित्य दाना डालें।

(ग) शनिवार के दिन काले कुत्ते को मीठी रोटी डाला करें।

7. मेष लग्न में अष्टमेश मंगल वक्री होकर कहीं भी बैठा हो या अष्टम स्थान में कोई भी ग्रह वक्री होकर बैठा हो तो अकस्मात धनहानि का योग बनता है, अर्थात् ऐसे व्यक्ति को धन के मामले में परिस्थिति

वश अचानक भारी नुकसान हो सकता है, अत: सावधान रहें और निम्नलिखित टोटके इसके बचाव हेतु पहले ही कर लें।

अनिष्टता निवारक टोटके

(क) दही की लस्सी (गुड़ डालकर) मंगलवार के दिन पीया करें।

(ख) चाँदी की ठोस गोली अपने पाकेट में हर समय रखें।

(ग) "सिद्ध महालक्ष्मी यंत्र" पूजा स्थल पर स्थापित कर नित्य धूप-दीप दिखाया करें।

8. मेष लग्न में अष्टमेश मंगल शत्रु क्षेत्री, नीच राशिगत या अस्त हो तो अचानक धन की हानि होती है। इससे बचने हेतु पहले ही निम्न टोटके कर लें।

अनिष्टता निवारक टोटके

(क) बांसुरी में शक्कर भरकर, मंगलवार के दिन विराने स्थान पर दबावें

(ख) लाल रंग का रूमाल अपने पास सदैव रखें। क्वृष लग्न में निर्धनता दरिद्री, कर्ज, प्रो व्यवसाय में हानि योग और निवारण के टोटके

1. पाठको! वृष लग्न में दशम भाव का स्वामी शनि यदि छठे, ठवें या बारहवें स्थान में हो तो जातक को परिश्रम का पूरा लाभ नहीं मिलता, जन्म ही. हा ३ स्थान में नहीं कमा पाता तथा उसके जीवन में सदैव धन की कमी बनी रहती है।

अनिष्टता निवारक टोटके

(क) जंग लगा हथियार मकान में कदापि न रखें।

(ख) 8 शनिवार के दिन सूर्योदय होने पर मुख्य ढ्वार के पास शराब में सरसों तेल मिलाकर जमीन पर डालें।

(ग) "सिद्ध तांत्रिक शनि यंत्रपूजा स्थल पर स्थापित करें।

2. वृष लग्न में लग्नेश बुध यदि छठे, आठवें या बारहवें स्थान में हो एवं सूर्य तुला राशि का छठे स्थान में हो तो व्यक्ति कर्जदार होता है और धन के मामले में सदैव कमजोर होता है।

अनिष्टता निवारक टोटके

(क) रविवार के दिन भिखारी को साबुत गेहूं दान करें। इसकी मात्रा 5 मुट्ठी, पांच पाव या पांच किलो हो।

(ख) मिट्टी की 7 ढकनी में सरसों तेल भरकर, शनिवार के दिन जमीन में दबा दें।

(ग) बुधवार (6 बुधवार)   बकरी को हरी घास डालें।

(घ) सिद्ध श्री यंत्र - घर की पूजा स्थल पर स्थापित करें।

3. वृष लग्न में द्वितीय भाव में यदि पाप ग्रह हो तथा लाभेश गुरु यदि छठे, आठवें या बारहवें स्थान में हो तो व्यक्ति दरिद्र होता है।

अनिष्टता निवारक टोटके

(क) 9 बृहस्पति बार को पीले मीठे चावल बनाकर बच्चों में बांटें।

(ख) बृहस्पतिवार का ब्रत रखें और एक समय शाम के वक्त, मीठा चावल भोजन करें। यह व्रत 9 मंगलवार करें।

(ग) सिद्ध दरिद्रता निवारक यंत्र गले में धारण करें।

(घ) बृहस्पतिवार के दिन बाल दाढ़ी आदि न कटाएं।

4. वृष लग्न में केन्द्र स्थानों को छोड़कर चन्द्रमा बृहस्पति से यदि छठे, लय आठवें या बारहवें स्थान में हो तो "शकट योग" बनता है, जिसके कारण व्यक्ति मन को व्यवसाय में हानि का सामना करना होता है और धन का अभाव ही बना रहता है।

अनिष्ठता निवारक टोटके

(क) सोमवार के दिन 5 ब्राह्मण को दूध दान करें।

(ख) खोए के बने नौ पेड़े 9 बृहस्पतिवार को बहती दरिया में प्रवाहित करें।

(ग) सिद्ध चन्द्र + बृहस्पति यंत्र गले में धारण करें।।

5. वृष लग्न में धनेश बुध अस्त हो, नीच राशि (मीन) में हो तथा धन स्थान एवं अष्टम स्थान में कोई पाप ग्रह हो तो व्यक्ति सदैव" ऋण ग्रस्त" रहता है, उसके सिर से कर्जा उतरता ही नहीं।

अनिष्टता निवारक टोटके

(क) घर में तोता पालें या तोते का पंख 6 की संख्या में हरे कपड़े में बुधवार के दिन लपेटकर घर में कायम रखें।

(ख) बकरी पालें।

(ग) "सिद्ध बुध यंत्र" गले में धारण करें।

(घ) नित्य ही दुर्गा चालीसा का पाठ करें।

6. वृष लग्न में लाभेष गुरु यदि छठे, आठवें या बारहवें स्थान में हो तथा लाभेश अस्तगत या पाप पीड़ित हो तो व्यक्ति महा दरिद्र हो जाता है।

अनिष्टता निवारक टोटके

(क) नित्य ही मस्तक पर केशर का तिलक भगावें।।

(ख) 9 बृहस्पति को पीले सरसों पीले कपड़े में बांधकर बहती दरिया में "प्रवाहित करें।

(ग) बृहस्पतिवार के दिन ताजी हल्दी की गांठ निकालकर पीले डोरे में पिरोकर गले में धारण करें।

(घ) "सिद्ध महा भाग्यशाली यंत्र" गले में धारण करें।

7. वृष लग्न में अष्टमेश गुरु वक्री होकर कहीं बैठा हो या अष्टम स्थान में कोई भी ग्रह वक्री होकर बैठा हो तो अकंस्मात धनहानि का योग बनता है। वृष लग्न में अष्टमेश गुरु शत्रु क्षेत्री, नीच राशिगत या अस्त गत हो तो अचानक धन की हानि होती है। इन दोनों स्थिति में निम्न टोटकों का प्रयोग करें।

अनिष्टता निवारक टोटके

(क) बिना जोड़ वाला सोने का छल्ला बृहस्पतिवार के दिन बनवा कर, दूसरे बृहस्पतिवार के दिन दाहिने हाथ में अंगूठे के बाद वाली डँगली में धारण करें।

(ख) 9 बृहस्पतिवार को चने की दाल पीले कपड़े में बांधकर मंदिर में चढ़ावें।

(ग) बृहस्पतिवार से लगातार 4 दिन मंदिर में जाकर माथा टेंके।

(घ) बृहस्पतिवार के दिन केले वृक्ष की जड़ सोने या चाँदी को ताबीज में बंद कर, पीले डोरे डालकर गले में धारण करें।

मिथुन लग्न में निर्धनता, दरिद्री, कर्ज, व्यवसाय में हानि योग और निवारण के टोटके

1. मिथुन लग्न में दशम भाव का स्वामी बृहस्पति यदि छठे, आठवें या बारहवें स्थान में हो तो जातक को परिश्रम का पूरा लाभ नहीं मिलता। कृषि, व्यवसाय, दुकानदारी या नौकरी में हानि का सामना करना होता है।

अनिष्टता निवारक टोटके

(क) 6 बुधवार को 6 मुट्ठी, 6 पाव या 6 किलो हरे मूंग के साबुत दाने, हरे रंग-के कपड़े में बांधकर बहती दरिया में प्रवाहित करें।

(ख) "सिद्ध बृहस्पति + सिद्ध भुवनेश्वरी यंत्र" गले में धारण करें।

(ग) 9 बृहस्पति वार को, 9 हल्दी की गांठ पीले कपड़े में बांधकर बहती दरिया में प्रवाहित करें।

2. मिथुन लग्न में लग्नेश बुध यदि छठे, आठवें या बारहदें स्थान में हो एवं सूर्य वृश्चिक, मकर या वृष राशि में हो तो व्यक्ति कर्जदार होता है। तथा धन में कमजोर होता है।

अनिष्ठता निवारक टोटके

(क) कोरा मिट्टी का घड़ा (खाली घड़ा) बुधवार के दिन बहती द्रिया में प्रवाहित करें।"

(ख) पीला धागा गले में हर समय धारण किए रहें।

(ग) ताँबे का छिद्र वाला पैसा हरे डोरे में बुधवार के दिन गले में धारण करें।

(घ) "सिद्ध बुध यंत्र" पूजा स्थल पर स्थापित करें।

3. मिथुन लग्न के द्वितीय भाव में पाप ग्रह हो तथा लाभेश मंगल यदि छठे, आठवें या बारहवें स्थान में हो तो व्यक्ति दरिद्र होता है।

अनिष्ठता निवारक टोटके

(क) मंगलवार के दिन मिट्टी की ढकनी में सिन्दूर 50 ग्राम, शहद 50 ग्राम मिलाकर बहती दरिया में प्रवाहित करें।

(ख) लगातार 0 मंगलवार हनुमान जी के मंदिर में गुड़ की ढेली चढ़ावें।

(ग) "सिद्ध मंगल यंत्र गले में धारण करें।

(घ) "अनंत मूल की जड़" को मंगलवार के दिन लाकर, लाल डोरे लपेटकर दाहिनी भुजा पर धारण करें।

4. मिथुन लग्न में केन्द्र स्थानों को छोड़कर चन्द्रमा बृहस्पति से यदि छठे, आठवें या बारहवें स्थान में हो तो" शकट योग "बनता है, जिसके कारण व्यक्ति को सदैव धन का अभाव बना रहता है, व्यवसाय ठप्प होने लगता है और अनेकों._ विघ्न-बाधाएँ उत्पन्न होते रहते हैं।

अनिष्टता निवारक टोटके

(क) 4 सोमवार को 4 मुट्ठी, चार पाव या चार किलो चावल सफेद कपड़े में बाँधकर बहती दरिया में प्रवाहित करें।

(ख) तांबे का बिना जोड़ वाला छल्ला बुधवार के दिन बनवाकर, दूसरे. _ बुधवार को दाहिने हाथ में अंगूठे से अंतिम उँगली में धारण करें।

(ग) सिद्ध चन्द्र + बृहस्पति यंत्र गले में धारण करें।

(घ) सोलह सोमवार को शिवलिंग पर कच्चा दूध चढ़ावें।

5. मिथुन लग्न में धनेश चन्द्र अस्त हो, नीच राशि (वृश्चिक) में हो तथा धन स्थान एवं अष्टम स्थान में कोई पाप ग्रह हो तो व्यक्ति सदैव ऋण ग्रस्त रहता है।

अनिष्टता निवारक टोटके

(क) "सिरनी की जड़" शनिवार को आमंत्रित कर रविवार को ले आवें और सफेद डोरे से उसमें चार लपेटे डालस्कर और चार ही गांठ लगाकर सोमवार के दिन गले या भुजा पर धारण कर लें।

(ख) सिद्ध चन्द्र यंत्र गले में धारण करें।

(ग) उदीयमान चन्द्र को नित्य नमस्कार किया करें।

(घ) चाँदी की ठोस गोली हमेशा पास में रखें।

6. मिथुन लग्न में लाभेश मंगल यदि छठे, आठवें या बारहवें स्थान में हो तथा लाभेश अस्तगत या पाप पीड़ित हो तो जातक महा-दरिद्र हो जाता है। इससे बचने हेतु निम्न टोटकों का इस्तेमाल।

अनिष्टता निवारक टोटके

(क) मंगलवार का ब्रत रखें।

(ख) मंगलवार को हनुमान जी को लाल कपड़े का बना लंगोट समर्पित कर प्रणाम करें।

(ग) सिरहानी के नीचे मृगछाला रखकर सोएं|

(घ) "दरिद्रता निवारक सिद्ध" यंत्र गले में धारण करें।

7. मिथुन लग्न में अष्टमेश शनि वक्री होकर कहीं बैठा हो या अष्टम स्थान में कोई ग्रह वक्री होकर बैठा हो तो अकस्मात धनहानि का योग बनता है। अर्थात् ऐसे व्यक्ति को व्यवसाय आदि में अथवा परिस्थिति वश किसी भी मामले में धन का भारी नुकसान होगा। इससे पूर्व ही टोटकों द्वारा बचाव कर लें –

अनिष्टता निवारक टोटके

(क) 'बिछुआ की जड़ "शनिवार को आमंत्रित करके रविवार को ले आएँ और उसमें काले डोरे से सात गांठ लगाकर भुजा (दाहिनी) में धारण कर लें।

(ख) शनिवार का व्रत रखें।

(ग) "शनि महाकाल यंत्र" गले में धारण करें।

(घ) शनिवार के दिन लोहे का खुला मुँह वाला छल्ला बनवा कर दाहिने हाथ में अंगूठे से तीसरी उँगली में धारण करें।

कर्क लग्न में निर्धनता, दरिद्री, कर्ज, व्यवसाय में हानियोग और निवारण के टोटके

1. कर्क लग्न में दशम भाव का-स्वामी मंगल यदि -छठे, आठवें या बारहवें स्थान में हो तो जातक को व्यवसाय में हानि का सामना करना होता है, उसे परिश्रम का पूरा लाभ नहीं मिलता और धन का अभाव महसूस करता रहता है।

अनिष्टता निवारक टोटके

(क) 9 मंगलवार छोटे 9 बच्चों को एक-एक लाल फल बांटें।

(ख) हाथी का दांत या हाथी दांत से बनी वस्तुएँ घर में रखें।

(ग) मंगलवार को लाल वस्त्र धारण करें।

(घ) सिद्ध मंगल यंत्र गले में धारण करें।

2. कर्क लग्न में लग्नेश चन्द्रमा यदि छठे, आठवें या बारहवें स्थान में हो एवं सूर्य अष्टम स्थान में कुंभ राशि का हो तो जातक कर्जदार होता है, उसकी आर्थिक स्थिति संदैव दयनीय बनी रहती है।

अनिष्टता निवारक टोटके

(क) चाँदी का चौकोर टुकड़ा और सफेद चावल 4 मुट्ठी, सफेद कपड़े में सोमवार के दिन बाँधकर घर में कायम रखें।

(ख) 4 सोमवार सफेद चावल व मिसरी सफेद कपड़े में बाँधकर बहती दरिया में प्रवाहित करें।

(ग) "सिद्ध चन्द्र यंत्र" गले में धारण करें।

(घ) सत्य बोलने की आदत डालें।

3. कर्क लगन में केन्द्र स्थानों को छोड़कर चन्द्रमा बृहस्पति से यदि छठे, आठवें या बारहवें स्थान में हो तो "शकट योग" बनता है, जिसके कारण व्यक्ति को सदैव धन का अभाव बना रहता है।

अनिष्टता निवारक टोटके

(क) सोमवार से आरम्भ कर लगातार 4 दिन गाय को मीठी रोटी डालें।

(ख) श्मशान भूमि या अस्पताल में "नल" लगवावें।

(ग) रात्रि को दूध न पिएँ।

(घ) "सिद्ध स्वस्तिक यंत्र" घर की पूजा स्थल पर स्थापित करें।

4. कर्क लग्न में धनेश सूर्य अस्त हो, नीच राशि (तुला में) मेंहो तथा धन स्थान या अष्टम स्थान में कोई पाप ग्रह हो तो व्यवित सदैव "ऋण ग्रस्त" बना रहता है।

अनिष्टता निवारक टोटके

(क) रविवार के दिन 5 नीले फूल बहती दरिया में प्रवाहित करें।

(ख) किसी की झूठी गवाही न दें।

(ग) रात को पाँच पत्ते वाली मूली सिरहने में रखकर, प्रातः काल मंदिर में चढ़ावें।

(घ) "सिद्ध सूर्य यंत्र" धारण करें।

5. कर्क लग्न में लाभेश यदि छठे, आठवें या बारहवें स्थान में हो तो व्यक्ति द "महादरिद्र" होता है।

अनिष्टता निवारक टोटके

(क) तांबे का बना एक नाग और एक नागिन रविवार के दिन बहती दरिया में प्रवाहित करें।

(ख) तांबे के लोटे में शक्कर डालकर सूर्यदेव को नित्य ही जल चढ़ाया करें।

(ग) कोका कोला (कत्थई) रंग के कपड़े रविवार के दिन मंदिर में दान करें।

(घ) "सिद्ध दरिद्रता निवारक यंत्र' गले में धारण करें।

6. कर्क लग्न में अष्टमेश शनि वक्री होकर कहीं भी बैठा हो या अष्टम स्थान में कोई भी ग्रह वक्री होकर बैठा हो तो अकस्मात धनहानि का योग बनता है। अत: ऐसे व्यक्ति को धन के मामले में भारी नुकसान हो सकता है। अत: नुकसान से बचने हेतु पूर्व ही निम्न टोटकों को कर लें -

अनिष्ठता निवारक टोटके

(क) सिर में सरसों तेल भूल से भी न लगावें।

(ख) शनिवार के दिन कुएँ में कच्चा दूध (7 शनिवार) गिरावें।

(ग) सांप को दूध पिलावें।

(घ) "सिद्ध गणेश संयुक्त स्वस्तिकयंत्र' चाँदी की ताबीज में गले में धारण करें।

7. कर्क लग्न में अष्टमेश शनि शतुक्षेत्री, नीच राशिगत या अस्त हो तो अचानक धन की हानि होती है।

अनिष्टता निवारक टोटके

(क) शनिवार के दिन काजल की डब्बी बहती दरिया में प्रवाहित करें।

(ख) 7 शनिवार को काला सुरमा नेत्रों में अंजल करें।

(ग) रात को दूध न पिएं।

(घ) काले घोड़े की नाल व्यवसाय स्थल या भवन के मुख्य द्वार पर लगावें।

सिंह लगन में निर्धनता, दरिद्री, कर्ज,
व्यवसाय में हानि योग और निवारण के टोटके

1. "सिंह लगन में" दशम भाव का स्वामी शुक्र यदि छठे, आठवें या बारहवें स्थान में हो तो जातक को व्यवसाय में हानि होती है। परिश्रम का पूर्ण लाभ नहीं मिलता| जन्म स्थान में जातक कमाई नहीं कर पाता और उसके पास सदैव धन की कमी रहती है। इस जन्म में जन्मे जातक को निम्नलिखित टोटके करके धन प्राप्ति के साधन कायम करना चाहिए।

अनिष्टता निवारक टोटके

(क) 8 किलो या 800 ग्राम" जिमी कन्द" शुक्रवार के दिन बहती दरियामें प्रवाहित करें।

(ख) "सिद्ध शुक्र यंत्र" गले में धारण करें।

(ग) सफेद गाय पालें और उसकी सेवा करें।

(घ) शुक्रवार के दिन कांशे का बर्तन मंदिर में दान करें।

2. सिंह लग्न में लग्नेश सूर्य यदि छठे, आठवें या बारहवें स्थान में हो तथा धनेश बुध निर्बल हो तो व्यक्ति कर्जदार होता है।

अनिष्टता निवारक टोटके

(क) तांबे के लोटे में जल भरकर, उसमें शक्कर डालकर "भगवान सूर्य" को नित्य ही अर्घ्य प्रदान करें।

(ख) "सिद्ध सूर्य संयुक्त बुध यंत्र" गले में धाण करें।

(ग) बुधवार के दिन गणेश जी को ग्यारह "दूर्वादल" चढ़ावें| यह कार्य छ: बुधवार करें।

(घ) मांस, मछली, अंडे, शराब आदि का सेवन नहीं करें।

3. सिंह लग्न में धन भाव में पाप ग्रह बैठा हो तथा लाभेश बुध यदि छठे, आठवें या बारहवें स्थान में हो तो व्यक्ति "दरिद्र" होता है।

अनिष्टता निवारक टोटके।

(क) बुधवार के दिन ब्रह्म मुहूर्त में विधारा की जड़ लाकर, उसमें हरे रंग के 5 डोरे से छ: गांठ लगाकर, गांठ लगाने से पहले छ: बार लपेटकर दाहिनी भुजा में धारण करें।

(ख) बुधवार को हरे रंग के कपड़े धारण करें।

(ग) "सिद्ध सूर्य संयुक्त बुध यंत्र" गले में धारण करें।

(घ) नित्य ही गणेश जी को 5 दूर्वादल चढ़ावें।

4. सिंह लग्न में केन्द्र स्थानों को छोड़कर चंद्र यदि बृहस्पति से छठे, आठवें या बारहवें स्थान में हो तो "शकट योग" बनता है, जिसके कारण व्यक्ति को सदैव धन का अभाव बना रहता है।

अनिष्टता निवारक टोटके

(क) चार सोमवार (चार मुद्ठी) सुगन्धित बासमती चावल सफेद कपड़े में बांधकर बहती दरिया में प्रवाहित करें।

(ख) सदैव सफेद वस्त्र ही धारण करें।

(ग) श्रीखंड (सफेद चन्दन) का नित्य तिलक लगावें।

(घ) "सिद्ध चन्द्र संयुक्त बृहस्पति यंत्र" गले में धारण करें।

5. सिंह लग्न में धनेश बुध यदि अस्त हो, नीच राशि (मीन) में हो, तथा धन स्थान एवं अष्टम स्थान में कोई पाप ग्रह हो तो व्यक्ति सदैव व्यवसाय में हानि का सामना करता है और धन का अभाव महसूस करता रहता है

अनिष्टता निवारक टोटके

(क) छ: बुधवार मछलियों को आटे की गोली डालें।

(ख) बुधवार के दिन छ: किलो साबुत हरे मूंग के दाने हरे कपड़े में बांधकर बहती दरिया में प्रवाहित करें।

(ग) बुधवार (छ: बुधवार) के दिन हरी घास गाय को डालें। कप (घ)'सिद्ध श्री गणेश संयुक्त बुध यंत्र' चांदी की ताबीज में गले में धारण करें।

6. सिंह लग्न में लाभेश बुध यदि छठे, आठवें या बारहवें स्थान में हो तो जातक महादरिद्र होता है

अनिष्टता निवारक टोटके

(क) तांबे का छिद्र वाला पैसा हरे रंग के डौरे में बुधवार के दिन गले में धारण करें।

(ख) छ: बुधवार को अंधे लोगों को लड्डू खिलावे।

(ग) लाल वस्त्र धारण नहीं करें।

(घ) दुर्गा चालीसा का पाठ नित्य किया करें।

7. सिंह लग्न में अष्टमेश गुरु वक्री होकर कहीं बैठा हो या अष्टम स्थान में कोई ग्रह वक्री होकर बैठा हो तो "अकस्मात धन हानि का योग बनता है। ऐसे व्यक्ति को धन के मामले में परिस्थिति वश भारी नुकसान होता है। इससे बचने हेतु निम्न टोटके इस्तेमाल करें।

अनिष्टता निवारक टोटके

(क) "सिद्ध सूर्य संयुक्त बृहस्पति यंत्र" गले में धारण करें।

(ख) "बिल्व वृक्ष की जड़" सोमवार के दिन लाकर उसमें सफेद डोरे का 5 लपेटे लगाकर, तत्पश्चात् 9 गांठ लगाकर दाहिनी भुजा में धारण करें इसको चांदी की ताबीज में भी धारण कर सकते हैं।(ग) तांबे की गड़वी में (लोटे में) साबुत मूंग भरकर, उसमें ढक्कन तांबे का 9 हो लगाकर, बुधवार के दिन बहती दरिया में प्रवाहित करें।

(घ) बुधवार के दिन मिट्टी के बर्तन में चीनी भरकर श्मशान भूमि में दबावें।

कन्या लग्न में निर्धनता, दरिद्री, कर्ज,। व्यवसाय में हानि योग और निवारण के टोटके

1. कन्या लग्न में दशम भाव का स्वामी बुध यदि। छठे, आठवें या बारहवें स्थान में हो तो जातक को परिश्रम का पूरा लाभ नहीं मिलता जातक जन्म स्थान में कमाई नहीं कर पाता। व्यवसाय में हानि का सामना करता है।

अनिष्टता निवारक टोटके

(क) बुधवार के दिन 300 मिट्टी की गोलियां बना लें और सौ-सौ गोली तीन "धर्म स्थान" के बाहरी दीवारों के पास रख दें।

(ख) छ: बुधवार हरी घास गऊशाला में दान करें।

(ग) "सिद्ध बुध और संयुक्त श्री गणेश यंत्र" गले में धारण करें।

(घ) हरे रंग का रूमाल नित्य इस्तेमाल किया करें।

2. कन्या लग्न में लग्नेश बुध यदि छठे, बारहवें स्थान में हो, सूर्य यदि छठे स्थान में कुम्भ राशि का हो तो व्यक्ति "कर्जदार "होता है तथा उसकी आर्थिक स्थिति सदैव दयनीय बनी रहती है।

अनिष्टता निवारक टोटके क्

(क) वर्षा का पानी बोतल में बंद कर, बुधवार के दिन खेत में दबावें।

(ख) दूध वाली बकरी पालें।

(ग) "सिद्ध बुध यंत्र" गले में धारण करें।

(घ) नाक छेदन करावें।

3. कन्या लग्न के धन भाव में यदि पाप ग्रह हो तथा लाभेश चन्द्रमा यदि छठे, आठवें या बारहवें स्थान में हो तो व्यक्ति "दरिदर" होता है।

अनिष्टता निवारक टोटके

(क) बुधवार के दिन" पलास के छ: पत्ते "दूध में धोकर, जमीन में दबावें।

(ख) पागल खाने में बुधवार के दिन हरे रंग का फल दान करें।

(ग) पीले रंग की कौड़ियाँ जलाकर, उसकी राख बृहस्पतिवार के दिन बहती दरिया में प्रवाहित करें।

(घ) "सिद्ध बुध संयुक्त बृहस्पति यंत्र" गले में धारण करें।

4. कन्या लग्न में केन्द्र स्थानों को छोड़कर चन्द्रमा यदि बृहस्पति से छठे, आठवें या बारहवें स्थान में हो तो "शकट योग "बनता है, जिसके कारण व्यक्ति को सदैव धन का अभाव बना रहता है।

अनिष्टता निवारक टोटके

(क) सोलह सोमवार को शिवलिंग पर कच्चा दूध चढ़ावें।

(ख) बरसात का पानी एवं चाँदी का एक चौकोर टुकड़ा, सोमवार के दिन बोतल में बंद करके रखें।

(ग) चाँदी का बिना जोड़ वाला छल्ला दाहिने हाथ में अंगूठे से अंतिम उँगली में धारण करें।

(घ) "सिद्ध चन्द्र + बृहस्पति यंत्र" गले में धारण करें।

तुला लग्न में निर्धनता, दरदरी, कर्ज, व्यवसाय में हानि योग और निवारण के टोटके

1. तुला लग्न में दशम भाव का स्वामी चन्द्रमा यदि हर छठे, आठवें या बारहवें स्थान में हो तो जातक को व्यवसाय में हानि का सामना करना होता है, इसे परिश्रम का पूरा लाभ मिलता, जन्म स्थान में धन की कमाई नहीं कर सकता और धन का सदैव अभाव बना रहता है। ऐसे जातक को निम्न टोटकों द्वारा बर्बादी होने से पूर्व ही बचाव कर लेना चाहिए।

अनिष्टता निवारक टोटके

(क) शनिवार के दिन आठ किलो काले साबुत उरद काले कपड़े में बांधकर बहती दरिया में प्रवाहित करें।

(ख) सोमवार का ब्रत रखें।

(ग) शादी के दिन पत्नी को पिता के घर से चाँदी और चावल दान लेकर ही अपना घर आवें।।

(घ) "चन्द्र संयुक्त भैरव यंत्र" गले में धारण करें।

2. तुला लग्न में लग्नेश शुक्र यदि छठे, आठवें या बारहवें स्थान में हो एवं सूर्य भी छठे या आठवें स्थान में हो तो व्यक्ति "कर्जदार" होता है।

अनिष्टता निवारक टोटके

(क) आड़ू की 5 गुठली में छिद्र करके, उन छिद्रों में "काली सुरमा" भरके बिराने स्थान में शनिवार के दिन दबावें।

(ख) अवैध प्यार सम्बन्ध कायम करने से सदैव दूर रहें।

(ग) "शुक्र यंत्र" गले में धारण करें।

(घ) सफेद गाय पालें और उसकी सेवा करें।

3. धन स्थान में पाप ग्रह हो तथा लाभेश सूर्य यदि छठे, आठवें या बारहवें स्थान में हो तो व्यक्ति दरिद्र होता है।

(क) तांबे के लोटे में जल भरकर, उसमें शक्कर मिलाकर भगवान सूर्य को रोज ही अर्घ्य प्रदान करें।

(ख) तांबे का बिना जोड़ वाला छलला रविवार के दिन जड़वा कर, रविवार को ही दाहिने हाथ में अंगूठे से चौथी उँगली में धारण करें।

(ग) "सिद्ध सूर्य यंत्र" गले में धारण करें।

(घ) रविवार के दिन 5 नीले फूल जमीन में दबावें।

4. तुला लग्न में केन्द्र स्थानों को छोड़कर चन्द्रमा बृहस्पति से यदि छठे, आठवें या बारहवें स्थान में हो तो "शकट योग "बनता है। जिसके कारण व्यक्ति को सदैव धन का अभाव बना रहता है।

अनिष्टता निवारक टोटके

(क) बृहस्पतिवार को पीले वस्त्र धारण करें।

(ख) 4 सोमवार को शिवलिंग पर दूध चढ़ावें। 4

(ग) सिद्ध चन्द्र संयुक्त बृहस्पति यंत्र गले में धारण करें।

(घ) लोहे का व्यवसाय न करें।

5. तुला लग्न में धनेश मंगल अस्त हो, नीच राशि (कर्क) में हो एवं धन स्थान तथा अष्टम स्थान में कोई पाप ग्रह हो तो व्यक्ति "ऋण ग्रस्त बना रहता है, कर्ज उसके सिर से उतरता ही नहीं। ऐसे व्यक्ति निम्न टोटके अपनाकर "ऋण' से मुक्ति पावें।

अनिष्टता निवारक टोटके

(क) "अनंत मूल की जड़" विधि पूर्वक लाकर, उसमें लाल डोरे 0 बार लपेट कर दस गांठ डालें तत्पश्चात् तांबे की ताबीज में भरकर गले में मंगलवार के दिन धारण करें। यह बूटी मंगलवार को ही लानी है।

(ख) "सिद्ध मंगल यंत्र" गले में धारण करें।

(ग) 00 ग्राम लाल सिन्दूर 0 मंगलवार को बहती दरिया में प्रवाहित करें।

(घ) 0 मंगलवार हनुमान जी के मंदिर में केले का प्रसाद चढ़ावें।

6. तुला लग्न में लाभेश सूर्य यदि छठे, आठवें या बारहवें स्थान में हो तथा लाभेश अस्तगत हो तथा पाप पीड़ित हो तो जातक "महादरिद्र" होता है। ऐसे जातक को निम्न टोटके द्वारा धन उपार्जन का साधन प्राप्त करना चाहिए।

अनिष्टता निवारक टोटके

(क) नित्य ही गुड़ खाकर अपना कार्य आरम्भ किया करें।

(ख) तीन काले कुत्ते घर में पालें।

(ग) "सिद्ध सूर्य यंत्र संयुक्त भुवनेश्वरी यंत्र" गले में धारण करें।

(घ) अपने सिर का बाल भूरे रंग में रविवार के दिन रंगवा लें।

7. तुला लग्न में अष्टमेश शुक्र वक्री होकर कहीं भी बैठा हो या अष्टम स्थान में कोई भी ग्रह वक्री होकर बैठा हो तो "अकस्मात धन हानि योग" बनता है, अर्थात् ऐसे व्यक्ति को धन के मामले में परिस्थिति वश अचानक भारी नुकसान हो सकता है। नुकसान से बचने हेतु पहले ही निम्न टोटके कर लें।

अनिष्टता निवारक टोटके

(क) शुक्रवार से आरम्भ कर गाय को 4 दिन लगातार मीठी रोटी खिलावें। रोटी की संख्या नित्य दो ही होनी चाहिए।

(ख) "सिद्ध श्री गणेश संयुक्त यंत्र" गले में धारण करें।

(ग) शुक्रवार के दिन "सरपंखा बूटी की जड़" लाकर उसमें सफेद डोरे का बारह लपेटे लगाकर और बारह ही गांठ लगाकर, चाँदी की ताबीज में भरकर गले में धारण करें।

(घ) प्यार मुहब्बत अवैध स्त्री से न करें।

वृश्चिक लग्न में निर्धनता, दरिद्री, कर्ज, व्यवसाय में हानि योग और निवारण के टोटके

1. वृश्चिक लग्न में दशम भाव का स्वामी बुध यदि छठे, आठवें या बारहवें स्थान में हो तो जातक को व्यवसाय में तबाही का सामना करना होता है। ऐसे व्यक्ति को परिश्रम का पूर्ण लाभ नहीं मिलता और धन का अभाव महसूस करता रहता है। ऐसे व्यक्ति निम्न टोटके द्वारा अपने जीवन को सार्थक करें।

अनिष्टता निवारक टोटके.

(क) बुधवार के दिन हरे रंग का वस्त्र धारण करें।

(ख) बुधवार के दिन ब्रह्म मुहूर्त में" विधारा बूटी की जड़ लाकर उसमें हरे रंग के धागे का छः लपेटे लगाकर, फिर छः गांठ लगाकर, तांबे की ताबीज में हरे रंग के डोरे में ही दाहिनी भुजा में धारण करें।"

(ग) सिद्ध बुध यंत्र गले में धारण करें।

(घ) 6 बुधवार को गाय को हरी घास डालें।।

2. वृश्चिक लग्न में लग्नेश मंगल यदि छठे, आठवें या बारहवें स्थान में हो एवं सूर्य तुला राशि में हो तो व्यक्ति "कर्जदार "होता है।

अनिष्टता निवारक टोटके

(क) लाल रूमाल सदैव पास में रखें।

(ख) मंगलवार का व्रत रखें।

(ग) 00 ग्राम सिन्दूर और 00 ग्राम शहद मिट्टी के ढकनी (कटोरी) में मिलाकर मंगलवार के दिन बहती दरिया में प्रवाहित करें। है

(घ) "सिद्ध हनुमान संयुक्त मंगल यंत्र" गले में धारण करें।

3. वृश्चिक लग्न के धन स्थान में पाप ग्रह हो तथा लाभेश बुध यदि छठे, आठवें या बारहवें स्थान में हो तो व्यक्ति "दरिद्र" होता है। ऐसे व्यक्ति को "दरिद्रता निवारण" हेतु निम्न टोटके करता चाहिए है

अनिष्टता निवारक टोटके.

(क) मंगलवार का व्रत रखें।

(ख) 100 मंगलवार हनुमान जी को गुड़ का प्रसाद चढ़ावें। -

(ग) 6 बुधवार गाय को हरी घास डालें।

(घ) "सिद्ध संगल संयुक्त बुध यंत्र" गले में धारण करें।

4. वृश्चिक लग्न में केन्द्र स्थानों को छोड़कर चन्द्रमा बृहस्पति से छठे, आठवें या बारहवें स्थान में हो तो "शकट योग /" बनता है, जिसके कारण व्यक्ति को सदैव धन का अभाव बना रहता है। ऐसे व्यक्ति निम्न टोटके अपनाकर धन प्राप्ति के साधन प्राप्त करें।

अनिष्टता निवारक टोटके

(क) शुक्ल पक्ष में लगातार 5 रात्रि को उदीयमान चन्द्रमा को नमस्कार करें, फिर भोजन करें।

(ख) चाँदी की ठोस गोली सदैव पास में रखें

(ग) 9 बृहस्पतिवार को 9 केले मंदिर में प्रसाद चढ़ावें।

(घ) "सिद्ध चंद्र संयुक्त बृहस्पति यंत्र गले में धारण करें।

5. वृश्चिक लग्न में धनेश गुरु अस्त हो, नीच राशि (मकर) में हो, तथा धन स्थान एवं अष्टम स्थान में कोई पाप ग्रह हो तो व्यक्ति सदैव ऋणग्रस्त बना रहता है| ऐसे व्यक्ति निम्न टोटके करके कर्ज से मुक्ति पाकर जीवन सफल बनावें।

अनिष्टता निवारक टोटके

(क) 10 मंगलवार को चमेली के तेल में सिन्दूर मिलाकर चोले चढ़ावें।

(ख) पीले रूमाल सदैव पास में रखें।

(ग) "सिद्ध मंगल संयुक्त बृहस्पति यंत्र गले में धारण करें।

(छ) धर्म के नाम पर "न्दा" बसूले।

5. वृश्चिक लग्न में लाभेश बुध वक्री होकर कहीं भी बैठा हो या अष्टः

स्थान में कोई ग्रह वक्री होकर बैठा हो तो "अकस्मात धन हानि का योग" बनत है| ऐसे व्यक्ति को धन के मामले में परिस्थिति वश भारी नुकसान हो सकता है, अत: सावधान' पहले ही निम्नलिखित टोटके करके "धन की हानि" होने से बचा लें।

अनिष्टता निवारक टोटके

(क) तोते का 6 पंख हरे कपड़े में लपेट कर धन स्थान में रखें।

(ख) 6 बुधवार 6 पाव हरे मूंग के दाने हरे कपड़े में बाँधकर बहती दरिया में प्रवाहित करें।

(ग) "सिद्ध मंगल संयुक्त बुध यंत्र" गले में धारण करें।

(घ) बट वृक्ष को एक पत्ता प्रात करने हेतु शनिवार को आमंत्रित करें. और रविवार को एक पत्ता तोड़कर ले आवें, उसे लपेटकर धन रखने के स्थान में रख दें।

6. वृश्चिक लग्न में लाभेश बुध यदि छठे, आठवें या बारहवें स्थान में हो तथा लाभेश अस्तगत हो एवं पाप पीड़ित हो तो जातक "महादरिद्र "होता है।ऐसे व्यक्ति को निम्न टोटके करके दरिद्रता का निवारण करना चाहिए।

अनिष्टता निवारक टोटके

(क) 9 बृहस्पतिवार को 9 की संख्या में केले मंदिर में भोग लगाकर 9 बालक को बांटे।

(ख) "दरिद्रता निवारक सिद्ध यंत्र" गले में धारण करें। ह

(ग) 6 बुधवार गऊशाला में हरी घास डालें।

(घ) हरे रंग का रूमाल प्रयोग किया करें

7. वृश्चिक लग्न में अष्टमेश बुध शत्रु क्षेत्री, नीचराशि गत या अस्त हो तो अचानक धन की हानि होती है। ऐसे जातक को निम्न टोटके करके धन को हानि से बचाना चाहिए।

अनिष्टता निवारक टोटके

(क) चाँदी की गोली में हरे रंग का पेंट करके, सुखाकर, लाल रंग के बटुए में पॉकेट में रखें। -

(ख) मंगलवार का ब्रत रखें।

(ग) सिद्ध मंगल + बुध यंत्र गले में धारण करें।

(घ) बुधवार को हरे रंग का वस्त्र धारण किया करें।

धनु लग्न में निर्धनता, दरिद्री, कर्ज, व्यवसाय में हानि योग और निवारण के टोटके

1. धनु लग्न में दशम स्थान का स्वामी बुध यदि छठे, आठवें या बारहवें स्थान में हो तो जातक को परिश्रम का पूरा लाभ नहीं मिलता, व्यवसाय में हानि का सामना करना होता है और ऐसे व्यक्ति के पास धन का सदैव अभाव ही बना रहता है।।

अनिष्टता निवारक टोटके

(क) छ: बुधवार अंधे व्यक्ति को लड्डू खिलावें। ह

(ख) बृहस्पतिवार के दिन बांसुरी में चीनी भरकर (नववर्ष के प्रथम वृहस्पतिबार या माह के प्रथम वृहस्पतिवार) विराने स्थान में दबावें।

(ग) चींटियों को चीनी डालें

(घ) "सिद्ध बुध संयुक्त बृहस्पति यंत्र" लाल रंश के डौरे में गले में धारण करें।

2. धनु लग्न में लग्नेश बृहस्पति यदि छठे, आठवें या बारहवें स्थान में हो एवं सूर्य आठवें भाव (कर्क राशि) में हो तो व्यक्ति "कर्जदार "होता है। कर्ज से छुटकारा पाने हेतु निम्न टोटके करें।

अनिष्टता निवारक टोटके...

(क) बृहस्पतिवार का ब्रत सदैव रखें।

(ख) केले की जड़ बृहस्पतिवार के दिन लाकर, उसमें पीले धागे 9 बार लपेटकर 9 गांठ लगाकर गले में धारण करें।

(ग) "सिद्ध बृहस्पति यंत्र" गले में धारण करें।

(घ) तांबे के लोटे में जल भरकर, उसमें गुड़ मिलाकर भगवान सूर्य को अर्घ्य प्रदान करें।

3. धनु लग्न के धन स्थान में पाप ग्रह हो तथा लाभेश शुक्र यदि छठे, आठवें या बारहवें स्थान में हो तो जातक "दरिद्र "होता है। दरिद्रता निवार निम्न टोटके करें। "

अनिष्टता निवारक टोटके

(क) शुक्रवार से आरम्भ कर 4 दिन लगातार गाय को मीठी रोटी डालें।

(ख) सोलह शुक्रवार का व्रत रखें।

(ग) "सिद्ध शुक्र यंत्र:" गले में धारण करें।

(घ) शुक्रवार को हरे रंग का वस्त्र धारण किया करें।

4. धनु लग्न में केन्द्र स्थानों को छोड़कर चन्द्रमा बृहस्पति से यदि छठे, आठवें; या बारहवें स्थान में हो तो "शकट योग" बनता है, जिसके कारण व्यक्ति। को सदैव धन का अभाव बना रहता है। इसके लिए निम्न तेजस्वी टोटके करके धन का अभाव दूर करें।

अनिष्टता निवारक टोटके

(क) बृहस्पतिवार को "बेरी का बाँदा" लाकर, पीले कपड़े में लपेट कर पूजा स्थल में रखें।

(ख) गोरोचन लाल कपड़े में लपेट कर धन स्थान में रखें।

(ग) "सिद्ध बृहस्पति यंत्र" गले में धारण करें।

(घ) पीले रूमाल का इस्तेमाल करें।

5. धनु लग्न में धनेश शनि अस्त हो, नीच राशि (मेष) में हो तथा धन स्थान एवं अष्टम स्थान में कोई पाप ग्रह हो तो व्यवित सदैव' "ऋण ग्रस्त "बना

अनिष्टता निवारक टोटके

(क) ज्येष्ठा नक्षत्र में पीपल का पत्ता लाकर लाल कपड़े में लपेटकर धन स्थान में रखें। हर

(ख) शनिवार को तेल (सरसों का) दान करें। च्

(ग) शनिवार को वस्त्र धारण करें। इच

(घ) सिद्ध शनि यंत्र गले में धारण करें। न्

6. धनु लग्न में लाभेश शनि यदि छठे, आठवें या बारहवें स्थान में हो तथा हि लाभेश अस्तगत हो, पाप पीड़ित हो तो जातक "महादरिद्र" होता है। दरिद्रता निवारण हेतु निम्न टोटके प्रयोग करें।

अनिष्टता निवारक टोटके

(क) 7 शनिवार शनि के मंदिर में सरसों तेल का दीपक जगावें।

(ख) पीपल के वृक्ष में नित्य ही गुड़ डाला मीठा जल चढ़ाया करें। (ग) "सिद्ध यामग्रज शनि यंत्र" धारण करें।

(घ) शनिवार को उड़द दाल की खिचड़ी रात्रिकाल में खाया करें

7. धनु लग्न में अष्टमेश चन्द्रमा निर्बल होकर कहीं बैठा हो तो अकस्मात धनहानि योग "बनता है। ऐसे व्यक्ति को धन के मामले में परिस्थिति वश अचानक भारी नुकसान हो सकता है। नुकसान को बचाने हेतु पूर्व ही निम्न टोटके कर लें।

अनिष्टता निवारक टोटके

(क) सोमवार (16 सोमंवार) का ब्रत रखें।

(ख) शुक्लपक्ष में चार दिन की रात्रि में खीर बनाकर उदित चन्द्रमा को भोग है लगावें और अगरबत्ती दिखावें।

(ग) "सिद्ध चन्द्र संयुक्त महालक्ष्मी यंत्र" गले में धारण करें।

(घ) सोमवार के दिन चाँदी का चन्द्रमा बनाकर, दूसरे सोमवार को गंगा नदी में प्रवाहित करें|

मकर लग्न में निर्धनता, दरिद्री, कर्ज,

व्यवसाय में हानि योग और निवारण के टोटके

() मकर लग्न में दशम भाव का स्वामी शुक्र यदि छठे, आठवें या बारहवें स्थान में हो तो जातक को व्यवसाय में हानि का सामना करना होता है तथा धन के मामले में कर के बेन "निर्धन" बना रहता है।"निर्धनता "दूर करने हेतु निम्न 2 टोटके इस्तेमाल करें अनिष्टता निवारक टोटके

(क) शुक्रवार के दिन "कच्ची ढाई ईंट बहती दरिया में प्रवाहित करें।

(ख) 40 दिन लगातार रात्रि के वक्त (शुक्रवार से) "कच्चा कोयला "

जलाकर दूध से बुझाया करें।

(ग) "सिद्ध शुक्र यंत्र संयुक्त श्री यंत्र" गले में धारण करें।

(घ) गऊ मुखी मकान में निवास करें।

2. मकर लग्न में लग्नेश शनि छठे, आठवें या बारहवें स्थान में हो तो

जातक को परिश्रम का पूरा लाभ नहीं मिलता। ऐसे जातक जन्म स्थान में नहीं कमा पाता तथा उसे सदैव धन की कमी बनी रहती है। धन की कमी पूर्ण करने हेतु निम्न टोटके प्रयोग में लावें।

अनिष्टता निवारक टोटके

(क) 7 शनिवार का ब्रत रखें।

(ख) 7 शनिवार को उड़द आटे का गुड़ व सरसों तेल से बनाया हुआ हलुवा शनिदेव को मंदिर में जाकर भोग लगावें।

(ग) "सिद्ध शनि यंत्र" गले में धारण करें।

(घ) शनिवार को काले वस्त्र धारण किया करें।

3. मकर लग्न में धन भाव में पाप ग्रह हो तथा लाभेष मंगल यदि छठे,. . आववें या बारहवें स्थान में हो तो व्यक्ति' "दरिद्र" होता है। अपनी दरिद्रता निवारण हेतु निम्न टोटके इस्तेमाल करें।

अनिष्टता निवारक टोटके

(क) मंगलवार (10 मंगलवार) का ब्रत रखें।

(ख) मंगलवार को दही में गुड़ मिलाकर लस्सी बनाकर पीएं।

(ग) शनिवार को काले वस्त्र भिखारी को दान करें।

(घ) "सिद्ध शनि संयुक्त मंगल यंत्र" गले में धारण करें।

4. मकर लग्न में केन्द्र स्थानों को छोड़कर चन्द्रमा बृहस्पति से यदि छठे, आठवें या बारहवें स्थान में हो तो "शकट योग "बनता है, जिसके कारण व्यक्ति को सदैव धन का अभाव रहता है।

अनिष्टता निवारक टोटके

(क) 9 बृहस्पतिवार को पीले संतरे 9 की संख्या में मंदिर में प्रसाद चढ़ावें।

(ख) 4 बृहस्पतिवार का ब्रत रखें।

(ग) चाँदी का चौकोर टुकड़ा हमेशा पास में रखें।

(घ) सिद्ध चन्द्र संयुक्त बृहस्पति यंत्र गले में धारण करें।

5. मकर लग्न में धनेश शनि अस्त हो, नीच राशि मेष में हो, धन व एवं अष्टम भाव में कोई पाप ग्रह हो तो व्यक्ति सदैव" ऋण ग्रस्त "रहता है, कर्ज उसके सिर पे चढ़ा ही रहता है।

अनिष्टता निवारक टोटके

(क) शनिवार को "शनि चालीसा" का पाठ किया करें।

(ख) शनिवार को काले वस्त्र धारण करें।

(ग) सिर में सरसों का तेल शनिवार को नहीं लगाएं।

(घ) "सिद्ध महाकाल शनि यंत्र" गले में धारण करें।

6. मकर लग्न में लाभेष मंगल यदि छठे, आठवें या बारहवें स्थान में हो, पाप पीड़ित हो तो जातक "महादरिद्र" होता है। दरिद्रता निवारण हेतु निम्न टोटके प्रयोग करें।

अनिष्टता निवारक टोटके

(क) मंगलवार के दिन 10 हाथ लाल कपड़े हनुमान जी मंदिर के पुजारी को दान करें।

(ख) 10मंगलवार का ब्रत रखें।

(ग) सिद्ध मंगल यंत्र गले में धारण करें।

(घ) महीने के प्रथम मंगलवार को 10 लाल फूल बहती दरिया में प्रवाहित करें।

7. मकर लगन में अष्टमेश सूर्य निर्बल होकर कहीं भी बैठा हो तथा अष्टम स्थान में कोई भी ग्रह वक्री होकर बैठा हो तो' अकस्मात धन हानि योग" बनता है। ऐसे व्यवित को धन के मामले में अचानक भारी नुकसान हो सकता है।' नुकसान से बचने हेतु निम्न टोटके प्रयोग करें।

अनिष्ठता निवारक टोटके

(क) रविवार का ब्रत रखें। उस दिन नमक न खाएं। संध्या काल एक समय भोजन करें।

(ख) सिद्ध सूर्य यंत्र गले में धारण करें।

(ग) 7-पाव गेहूँ रविवार के दिन बहती दरिया में प्रवाहित करें।

(घ) रविवार के दिन कोका कोला (कत्थई रंग) रंग का वस्त्र धारण करें।।

कुंभ लगन में निर्धनता, दरिद्री, कर्ज, व्यवसाय में हानि योग और निवारण के टोटके

1. कुंभ लगन में दशम भाव का स्वामी मंगल यदि रा छठे, आठवें या बारहवें स्थान में हो तो जातक को व्यवसाय में हानि का सामना करना होता है, उसे परिश्रम का पूरा लाभ नहीं मिलता, जन्म स्थान में का नहीं कर पाता हूँ और सदैव धन की कमी बनी रहती है। व्यवसाय को हानि न से बचाने हेतु और धन की कमी दूर करने हेतु पूर्व ही निम्न। टोटकों का प्रयोग कर लें।

अनिष्टता निवारक टोटके

(क) शनिवार व मंगलवार को शराब, मांस, मछली अंडे नहीं इस्तेमाल करें।

(ख) लाल रूमाल सदैव पास में रखें।

(ग) लाल चन्दन का तिलक नित्य लगाया करें।

(घ) सिद्ध शनि संयुक्त मंगल यंत्र गले में धारण करें।

2. कुंभ लग्न में लग्नेश शनि यदि छठे, आठवें या बारहवें स्थान में हो एवं सूर्य भी छठे या बारहवें स्थान में हो तो व्यक्ति कर्ज के बोझ से दबा रहता है। कर्ज| से छुटकारा पाने हेतु निम्न टोटके प्रयोग करें।

अनिष्टता निवारक टोटके

(क) शनिवार को काले वस्त्र धारण करें।

(ख) 7 शनिवार को भिखारी को लड्डू खिलावें, लड्डू का संख्या 7 ही हो।

(ग) "सिद्ध शनि यंत्र" गले में धारण करें।

(घ) शनि चालीसा का पाठ रोज किया करें।

3. कुंभ लग्न के धन स्थान में पाप ग्रह हो तथा लाभेश गुरु यदि छठे, आठवें या बारहवें स्थान में हो तो व्यक्ति दरिद्र होता है। दरिद्रता निवारण हेतु निम्न टोटके प्रयोग करें।

अनिष्टता निवारक टोटके

(क) हल्दी का नौ गाँठ, 5 एक-एक रुपये के सिक्के, 7 कौड़ी पीले कपड़े में बृहस्पतिवार के दिन बांधकर धन स्थान तिजौरी, कैश बॉक्स आदि में रखें।

(ख) लोहे का बिना जोड़ वाला छल्ला शनिवार के दिन बनवाकर, दाहिने हाथ में अंगूठे से तीसरी उँगली में धारण करें।

(ग) शनिवार को काले वस्त्र धारण करें।

(घ) "सिद्ध शनि यंत्र" गले में धारण करें।

4. कुंभ लगन में केन्द्र स्थानों को छोड़कर चन्द्रमा बृहस्पति से यदि छठे,

आठवें या बारहवें स्थान में हो तो "शकट योग "बनता है, जिसके कारण "व्यक्ति को सदैव धन का अभाव बना रहता है| इसके लिए निम्न टोटके न् प्रयोग करके धन का अभाव दूर करें।

अनिष्टता निवारक टोटके

(क) शनिवार के दिन लोहा, चाँदी एवं सोना, त्रिधातु की मुद्रिका बनवाकर, "दाहिने हाथ में अंगूठे से तीसरी ऊँगली में धारण करें।

(ख) "बिछुआ की जड़ "शनिवार को लाकर, उसमें काले कपड़े लपेटकर, काले डोरे से सात गांठ डालकर दाहिनी भुजा में धारण करें।

(ग) सिद्ध चन्द्र संयुक्त बृहस्पति यंत्र गले में धारण करें।

(घ) 9 बृहस्पतिवार को 9 की संख्यां में केले मंदिर में प्रसाद चढ़ावें।

5. कुंभ लग्न में धनेश गुरु यदि अस्त हो, नीच राशि (मकर) में हो तथा "धन स्थान एवं अष्टम भाव में कोई पाप ग्रह हो तो व्यक्ति सदैव "कर्जदार "बना रहता है। कर्ज से मुक्ति हेतु निम्न टोटके प्रयोग करें।

अनिष्टता निवारक टोटके

(क) शनिवार को काला. वस्त्र धारण करें। _

(ख) 9 बृहस्पतिवार को चने की दाल पीले कपड़े में बाँधकर मंदिर में दान करें।

(ग) "सिद्ध बृहस्पति यंत्र" गले में धारण करें।

(घ) मंगलवार को मांस मदिरा का सेवन नहीं करें।

6. कुंभ लग्न में लाभेश गुरु यदि छठे, आठवें या बारहवें स्थान में हो तथा लाभेश अस्तगत हो तथा पाप पीड़ित हो तो जातक "महादरिद्र" हो जाता है। इस दरिद्रता से बचने हेतु पूर्व ही निम्न टोटके इस्तेमाल करें।

अनिष्टता निवारक टोटके

(क) शनिवार को सरसों तेल लोहे की कटोरी में लेकर, उसमें अपनी छाया देखकर दान कर दें।

(ख) बृहस्पतिवार का ब्रत रखें। शाम के वक्त एक समय मीठे पीले चावल भोजन करें।

(ग) "सिद्ध शनि संयुक्त काल भैरव यंत्र" गले में धारण करें।

(घ) पीपल में नित्य ही जल में तिल डालकर वह जल चढ़ाया करें

7. कुंभ लग्न में अष्टमेष बुध वक्री होकर कहीं बैठा हो तथा अष्टम स्थान में कोई भी ग्रह वक्री होकर बैठा हो तो "अकस्मात धन हानि" का योग बनता है| ऐसे व्यक्ति को धन के मामले में परिस्थिति वश भारी नुकसान हो सकता है। नुकसान से बचने हेतु पूर्व ही निम्न टोटके प्रयोग कर लें।

अनिष्टता निवारक टोटके

(क) बुधवार के दिन 6 किलो या 6 पाव अथवा 6 मुट्ठी साबुत मूंग के दाने हरे कपड़े में बांधकर (6 बुधवार) बहती दरिया में प्रवाहित करें।

(ख) बुधवार को हरे रंग का वस्त्र धारण किया करें|

(ग) "श्री गणेश चालीसा" का पाठ रोज करें।

(घ) "सिद्ध गणेश संयुक्त बुध यंत्र" गले में धारण करें।

मीन लग्न में निर्धनता, दरिदरी, कर्ज, व्यवसाय में हानि योग और निवारण के टोटके

1. मीन लग्न में दशम भाव का स्वामी गुरु यदि छठे, आठवें या बारहवें स्थान में हो तो जातक को व्यवसाय में हानि का सामना होता है। ऐसे व्यक्ति जन्म स्थान में नहीं कमाता और सदैव धन की कमी बनी रहती है। इस अनिष्टता का निवारण निम्न टोटके द्वारा करें।

अनिष्टता निवारक टोटके

(क) बृहस्पतिवार का ब्रत सदैव रखें।

(ख) सोने की चैनी गले में धारण करें।

(ग) "सिद्ध बृहस्पति यंत्र" पूजा स्थल पर स्थापित करें|

(घ) बृहस्पतिवार के दिन 9 हल्दी की गांठ नौ पाव चने की दाल, 9 पीले पुष्प,।

9 पीले लड्डू, पीले कपड़े में बाँधकर मंदिर में चढ़ावें।।

2. मीन लग्न में लग्नेश बृहस्पति यदि छठे, आठवें या बारहवें स्थान में हो एवं सूर्य तुला का आठवें हो तो व्यक्ति "कर्जदार "होता है। कर्ज से उद्धार हेतु निम्न टोटके करें।

(क) हल्दी का पौधा बृहस्पतिवार के दिन आँगन में लगावें अर्थात् हल्दी गाँठ का बीजन करें।

(ख) बृहस्पतिवार के दिन पीले वस्त्र धारण करें।

(ग) "सिद्ध बृहस्पति एवं स्वस्तिक यंत्र" गले में धारण करें।

(घ) नित्य ही मस्तक पे केशर का तिलक लगावें।

3. मीन लग्न के धन भाव में पाप ग्रह हो तथा लाभेश शनि यदि छठे, आठवें या बारहवें स्थान में हो तो व्यक्ति "द्रिद्र" होता है| दरिद्रता निवारण हेतु दरिद्रता से बचने हेतु निम्न टोटकों का इस्तेमाल करें।

अनिष्टता निवारक टोटके

(क) शनिवार की रात्रि से आरम्भ कर तांबे का छेद वाला एक-एक पैसा

41 दिन लगातार गंदे नाले में प्रवाहित करें। है

(ख) सात शनिवार को सात-सात नीले फूल शनि मंदिर में चढ़ावें।

(ग) "दरिद्रता निवारक यंत्र "गले में धारण करें।

(घ) बृहंस्पतिवार को मांस-मदिरा का प्रयोग नहीं करें||

4. मीन लगन में केन्द्र स्थानों को छोड़कर चन्द्रमा बृहस्पति से यदि छठे, आठवें या बारहवें स्थान में हो तो "शकट योग "बनता है, जिसके कारण व्यक्ति को सदैव धन का अभाव रहता है। धन का अभाव दूर करने हेतु निम्न टोटकों का प्रयोग करें।

अनिष्ठता निवारक टोटके

(क) सोमवार शिवलिंग पर बिल्व पत्र चढ़ावें।

(ख) बृहस्पतिवार का ब्रत रखें।

(ग) सिद्ध चन्ध संयुक्त बृहस्पति यंत्र गले में धारण करें।

(घ) 2 सोमवार 2 किलो की संख्या में कच्चा दूध बहती दरिया में प्रवाहित करें।

5. मीन लग्न में धनेश मंगल अस्त हो, नीच राशि (कर्क) में हो तथा धन स्थान एवं अष्टम भाव में कोई भी पाप ग्रह हो तो व्यक्ति" ऋण ग्रस्त बना रहता है। ऋण से मुक्ति पाने हेतु निम्न टोटकों का प्रयोग करें। -

अनिष्टता निवारक टोटके

(क) लाल रूमाल सदैव पास में रखें।

(ख) मंगलवार का ब्रत रखें।

(ग) "सिद्ध मंगल संयुक्त बृहस्पति यंत्र" गले में धारण करें।

(घ) हल्दी का तिलक नित्य ही लगाया करें।

6. मीन लग्न में लाभेश शनि यदि छठे, आठवें या बारहवें स्थान में हो तथा लाभेश अस्तगत, पाप पीड़ित हो तो जातक "महादरिद्र" हो जाता है। दरिद्रता से बचने हेतु निम्न टोटके पूर्व ही कर लें।

अनिष्टता निवारक टोटके

(क) शनिवार को काले वस्त्र धारण करें।

(ख) 7 शनिवार को भिखारी को 7 रुपये दान किया करें।

(ग) शनिवार को मांस-मदिरा का सेवन नहीं करें।

(घ) "सिद्ध बृहस्पति संयुक्त शनि यंत्र" गले में धारण कर दरिद्र होने से बचें।

7. मीन लग्न में अष्टमेष शुक्र वक्री होकर कहीं बैठा हो तथा अष्टम स्थान में भी कोई ग्रह वक्री होकर बैठा हो तो "अकस्मात धन हानि योग" बनता है। ऐसे व्यक्ति को परिस्थिति वश अचानक भारी नुकसान हो सकता है।

इस नुकसान से बचने हेतु निम्न टोटके पूर्व ही इस्तेमाल करें।

अनिष्टता निवारक टोटके

(क) शुक्रवार से आरम्भ कर 4 दिन लगातार गाय को मीठी रोटी डालें। रोटी की संख्या 2 होनी चाहिए।

(ख) "सिद्ध बृहस्पति संयुक्त शुक्र यंत्र" गले में धारण करें।

(ग) सोलह शुक्रवार का ब्रत रखें और उस दिन खटाई न खाएं।

(घ) "सरपंखा बूटी की जड़ "शुक्रवार को ले आवें| उसमें सफेद धागे से बारह लपेटे डालकर, बारह गांठ लगाकर दाहिने बाजू में धारण करें।

नोट:- पाठको! अब मैं नवग्रहों की अनिष्टता से उत्पन्न रोग और उसे निवारण हेतु टोटकों का वर्ण कर रहा हूँ, जिसे अपनाकर रोगों से छुटकारा पावें।

तीसरा भाग

नवग्रहों की अनिष्टता से उत्पन्न

विभिन्न रोग और निवारण के टोटके खण्ड

ज्योतिष और रोग

पाठको! ज्योतिष रोग को जड़ से पकड़ता है। रोगों और व्याधियों के सम्बन्ध में ज्योतिष की पहुँच बहुत गहरी और गंभीर है, जहाँ अभी तक आधुनिक चिकित्सा शास्त्र को पहुँचने में हजारों वर्ष लगेंगे। ज्योतिष रोग को "कर्म"| मानता है।

ज्योतिष शास्त्र की यह मान्यता है - पूर्व जन्म कर्त पाप व्याधि रूपेण "बाधिता" अर्थात् पूर्व जन्म के पाप इस जन्म में बीमारी, घाव, रोग के रूप में| प्रकट होते हैं। ज्योतिष का कहना है कि सभी प्रकार की व्याधियों, रोग, दुख एवं कष्ट "कर्मज" होते हैं| ज्योतिष श्राप / तरदान, आशीर्वाद एवं प्रार्थना की अदृश्य| शक्तियों को मान्यता देता है तथा जप यम नियम, दान पुण्य, टोटकों एवं

प्रायश्चित के द्वारा उन-उन रोगों का शमन करता है।

ज्योतिष की यह मान्यता है कि चिकित्साएँ एक सीमा तक ही रोग का इलाज कर सकती है। उसकी मान्यता है कि औषधियां यदि रोगी को ठीक करने में निर्णायक होती तो किसी व्यक्ति की मृत्यु नहीं होती। मृत्यु अनिवार्य है और उनका इलाज किसी डॉक्टर, वैद्य या हकीम के पास नहीं है दैनिक जीवन में हम देखते हैं डॉक्टर कहता है "आपरेशन सक्सेसफुल" और तत्काल रोगी की मृत्यु हो जाती है। एक तरफ हम देखते हैं कि एक व्यक्ति सदाचारी जीवन जी रहा है, स्वच्छ रहता है, दूसरे के हाथ का खाना नहीं खाता, उबला हुआ पानी पीता है फिर भी उसे श्वेत कुष्ट, कैंसर एवं जालंधर जैसे भयंकर रोग हो जाते हैं जिनका इलाज भी संभव नहीं है। ज्योतिष कहा है "कालो जगत भक्षक" यह "काल"!

समय) विशेष ही है जो व्यक्ति को बीमार करता है व उसे मार डालता है, यह सारा संसार उस काल (समय विशेष) के अधीन है। केवल कुशल ज्योतिषी ही ही उस "काल पुरुष की गणना कर उसे समझने की सामर्थ्य रखता है।

अत: कुशल चिकित्सक को रोग के अतिरिक्त काल की परीक्षा भी करनी चाहिए। "काल विज्ञान" ही "ग्रह विज्ञान' है और ग्रह विज्ञान की ज्योतिर्विज्ञान

है| अत: ज्योतिष को काल से, काल को ज्यौतिष से अलग करना कठिन है। एक अनुभवी देवज्ञ ही काल की परीक्षा कर सकता है|

विज्ञान के इस युग में इस विषय की ओर किसी का ध्यान जाता ही नहीं है, जबकि ग्रह शान्ति एवं विभिन्न ग्रहों के भिन्न-भिन्न जड़ी बूटियों को विधि पूर्वक धारण करने से मनुष्य को शारीरिक व मानसिक व्याधियों से मुक्त होते हुए देखा जा सकता है, साथ ही विभिन्न ग्रहों की अशुभ दृष्टि से रोग ग्रस्त होते हुए भी देखे जा सकते हैं।

नीच राशि में स्थित ग्रह जातक में विभिन्न प्रकार का रोग उत्पन्न करता है। विचारणीय है कि कौन से ग्रह से किस प्रकार की व्याधियाँ उत्पन्न होती है और उनके दूर करने के क्या "टोटके" आदि हैं, इसका विश्लेषण निम्नांकित है -

सूर्य ग्रह से उत्पन्न रोग और निवारण के टोटके

पाठको| जब जातक की कुण्डली में सूर्य ग्रह अशुभ स्थान पर रहता है तो वह कुदृष्टि अवस्था में निम्न व्याधियाँ उत्पन्न करता है -

श्लोक

शिर: पीड़ा प्रमेहश्य, सततः सनन्ततो ज्वरः।

पित्त रोगो म्लूशूलश्च, हृद्गोगश्च विसूचिका ॥

शिरो व्रणादिकं चैव, विषजो दाहक ज्वरः।

अमार योगा त्रिविक्का च, रवौ व्याधि-विनिर्णय: ॥

(प्रश्न कल्प तरू, से)

हिन्दी अनुवाद:- सूर्य ग्रह की अनिष्टता के कारण शिर रोग, शूल, प्रमेह, ज्वर, पित्तरोग, अम्लशूल, हृदय रोग, हैजा, शिरोत्रण, यमार रोग, (सूर्य शनि और मंगल के योग) और हिचकी नामक रोग उत्पन्न होते हैं।

उपरोक्त रोगों का निदान आयुर्वेद शास्त्र के "माधव निदान!" ग्रन्थ में जड़ी-बूटियों द्वारा निम्न प्रकार दर्शाए गए हैं -

1. शनिवार के दिन' बबूल की जड़' गंगाजल से धोकर, सफेद धागे सात बार लपेट कर, सात गांठ डालकर दाहिनी भुजा या गले में धारण करने से "शीत ज्वर" से मुक्ति मिल जाती है।

2. "निर्गुण्डी पौधे की जड़" रविवार के दिन, लाल धागे में पिरोकर कमर में बाँधने से सभी प्रकार के ज्वर शांत हो जाते हैं।

3. कृत्तिका या उत्तरां फाल्गुनी नक्षत्र या रविवार के दिन पुनर्नवा बुटी की जड़ को साफ कर 11 टुकड़े बनावें। उसे लाल डोरे में माला की तरह पिरोकर गले में धारण करने से "पीलिया रोग "से छुटकारा मिलता है।

4. कृत्तिका नक्षत्र वाले रविवार के दिन "बेल की जड़" लाल या गुलाबी डोरे में बाँधकर दायीं भुजा में बाँधने से" नेत्र रोग" में लाभ मिलता है।

5. सूर्य की होरा में रविवार के दिन "रतन जोत की जड़ लाकर, लाल रंग के डोरे लपेट कर दाहिने बाजू में बांधने से सभी प्रकार का चर्म रोग" नाश होता है।

6. उत्तरा-फाल्गुनी नक्षत्र में बेंत की जड़ खोदकर ले आवें और उसमें काले डोरे बांधकर दायीं भुजा में धारण करने से "हृदय रोग" से छुटकारा मिल जाता है।

7. "सिद्ध महामृत्युञ्जय संयुक्त तारा यंत्र" गले में धारण करने से समस्त रोगों से छुटकारा मिलता है, यह अति शक्तिशाली अनुसंधानित प्रयोग है।

चन्द्र ग्रह की अनिष्टता से उत्पन्न रोग और निवारण के टोटके

पाठको! जब जातक की कुण्डली में चन्द्रमा अशुभ भाव में रहता है तो वह कुदृष्टि अवस्था में निम्न व्याधियाँ उत्पन्न करता है -

श्लोक

गलगण्डो गण्डमाला, ज्वरश्च कफ दूषितः।

कासच्छर्दि क्षयं शूलं एलीप दश्च जलोदरी॥

आम पीडाति सारश्च हृदरोगः श्वास-कृच्छता।

एते वा चन्द्रजा रोगा मुनिभिः परिकीर्तिता ॥

(प्रश्न कल्पतरू, से)

हिन्दी अनुवाद:- चन्द्रमा की प्रकुपित अवस्था में गलगण्ड, गण्डमाला, कफ दूषित ज्वर, काश, वमन, क्षय, कफज शूल, श्लीपद, आमज पीड़ा, आमातिसार, हृदय रोग और श्वास कृच्छता आदि रोग उत्पन होते हैं।

अनिष्टता निवारक टोटके

1. चन्द्र ग्रह की अनिष्टता से उपरोक्त रोगों की उत्पत्ति में "उत्तरा फाल्गुणी नक्षत्र" के सोमवार के दिन अनंत मूल की जड़ लाकर, उसे गंगा जल से धोकर, उसमें सफेद धागे चार बार लपेटकर, 4 गांठ लगाकर दाहिनी भुजा में धारण करें।

2. चार किलो सफेद चावल, सोमवार के दिन सफेद कपड़े में बाँधकर बहती दरिया में प्रवाहित करें।

3. 11 सोमवार शिवलिंग पर कच्चा दूध चढ़ावें।

4. "सिद्ध चन्द्र संयुक्त धन्वंतरी यंत्र" गले में धारण करें।

5. सोमवार के दिन सफेद वस्त्र ही धारण करें।

मंगल ग्रह की अनिष्टता से
उत्पन्न रोग और निवारण के टोटके

पाठकों! जब किसी जातक की कुण्डली में मंगल ग्रह अशुभ भाव में रहता है तो वह कुदृष्टि अवस्था में निम्न रोग उत्पन्न करता है -

श्लोक
रक्त पितोद्धा पीड़ा ददुरोगो भगन्दर:।
रक्त दुष्टि प्रमेहरंल विस्फोटक भर्यं महत्॥ -
दुष्ट ब्रणोस्थि भगश्य रक्त स्त्रावोग्नि जं भयं।
अर्शो रक्त-तिसारएच व्याधंय: कुज सम्भवा:॥

हिन्दी अनुवाद:- रक्तपित्त, दाद, भगंदर, रक्त दोष, प्रमेह, फोड़े-फुन्सी, दुष्टब्रण, अस्थि भग, बवासीर, रक्तातिसार आदि बीमारियां होती|

अनिष्टता निवारक टोटके

(+) भरणी नक्षत्र के मंगलवार के दिन अनंतमूल की जड़ लाकर, गंगाजल से धोकर, उसमें लाल डोरे दस फेरे लपेटकर, दस गांठ लगाकर, दाहिनी हु भुजा में धारण करें, तो मंगल की अनिष्टता सम्बन्धी समस्त रोगों में लाभ मिलेगा।

2. 10 बताशे मंगलवार के दिन बहती दरिया में प्रवाहित करें।

3. मसूर की दाल १० मुट्ठी लाल कपड़े में मंगलवार के दिन बांधकर मंदिर में दान करें।

4. "सिद्ध मंगल संयुक्त हनुमान यंत्र गले में धारण करें।

5. मंगलवार का ब्रत रखें।

6. मंगलवार को लाल वस्त्र धारण करें अथवा लाल रूमाल सदैव पास में रखें।

बुध ग्रह की अनिष्टता से उत्पन्न रोग और निवारण के टोटके

पाठको| जब जातक की कुण्डली में बुध ग्रह अशुभ स्थान पर रहता है तो वह कुदृष्टित अवस्था में निम्न व्याधियां उत्पन्न करता है -

त्वग-दोषो वायुजा-पीड़ा, जिह्मा रोगो विचर्चिका।
मत्तता बमने एलेष्मा, बुधे त्रिदोष दुष्टता॥

हिन्दी अनुवाद:- बुध ग्रह के कारण जातक को त्वचा सम्बन्धी रोग, वायु जन्य पीड़ा, जिह्रा रोग, एक्जीमा, उन्माद, वमन व सन्निपात रोग उत्पन्न करता है।

अनिष्टता निवारक टोटके

1. बुधवार के दिन" विधारा की जड़ "लाकर गंगाजल से धोकर, उसमें छ: गांठ हरे धागे से लगाकर दायीं भुजा में धारण करें।

2. "सिद्ध बुध संयुक्त दुर्गा यंत्र" गले में धारण करें।

3. बुधवार से आरम्भ कर गाय को हरी घास 43 दिन तक डालें।

4. बुधवार को हरे रंग का वस्त्र धारण करें।

श्लोक
बृहस्पति ग्रह की अनिष्टता से उत्पन्न रोग
और निवारण के टोटके

पाठकों! जब जातक की कुण्डली में बृहस्पति ग्रह अशुभ अवस्था में होता है तो निम्न रोगों को उत्पन्न करते हैं -

श्लोक
उत्तमांगोम्दवा पीड़ा मेदो-रोगाछिल वेदना।।
अकस्माच्छ-वासरोधएच गुरोरव्या-धिवि निएचय:॥

हिन्दी अनुवाद:- गुरु ग्रह की अशुभता से मस्तिष्क, कर्ण, जिह्वा, नासा, नेत्र, श्वांस रोग उत्पन्न होते हैं| शरीर में मेद का संचय हो जाता है।

अनिष्टता निवारक टोटके

1. बृहस्पतिवार के दिन ताजी पीली (पकी गांठ) हल्दी निकालकर,

गंगाजल से धोकर, उसमें पीले डोरे से 9 बार लपेटा मारकर, 9 गांठ लगाकर दाहिनी भुजा में धारण करें।

2. "केले की जड़" वीरवार के दिन लाकर, गंगाजल से धोकर, उसमें पीले डोरे 4 बार लपेटकर, चार ही गांठ लगाकर दाहिनी बाजू में धारण करें।

3. बृहस्पतिवार का ब्रत रखें।

4. सिद्ध बृहस्पति संयुक्त भद्गकाली यंत्र गले में धारण करें।

शुक्र ग्रह की अनिष्टता से उत्पन्न रोग
और निवारण के टोटके

"पाठकों| जब जातक की कुण्डली में शुक्र पाप ग्रह के रूप में आकर अशुभ स्थान पर स्थित हो जाता है, तो जातक निम्न व्याधियों से पीड़ित होता है -

श्लोक

नेत्रे ग्रहो लिंगे रोग: स्यथाद् भूगु दोषण:।
रु प्रमेह: शोथ मूत्र चर गुल्म रोगो पदेशक:॥
रे स्त्रीणां प्रदर पीड़ा च गर्भशूलादि दूषणम।
इन्द्रियाणां विकार: स्यान्मुष्क वृद्धि ज्वरो महान ॥

5 मई हिन्दी अनुवाद:- शुक्र ग्रह की प्रकुषित अवस्था में नेत्र, गुदा और शिश्न सम्बन्धी रोग होते हैं| इसके अलावा प्रमेह, शोध, मूत्र रोग, गुल्म, उपदंश, स्त्रियों. में प्रदर तथा गर्भाशय सम्बन्धी रोग होते हैं|

इन रोगों को विनष्ट करने हेतु निम्न टोटके करना चाहिए -

शुक्र सम्बन्धी रोग निवारक टोटके

1. शुक्रवार के दिन "सरपंखा बूटी की जड़'! लाकर, गंगाजल से धोकर, "नीले धागे में पिरोकर, दायीं भुजा में धारण करें।

2. शुक्रवार के दिन अपने भोजन का कुछ हिस्सा (भोजन आरम्भ से पूर्व) गाय को खिलाएं।

3. शुक्रवार के दिन श्वेत वस्त्र धारण करें।

4. शुक्रवार से आरम्भ कर लगातार 43 दिन गाय को हरी घास डालें।

5. "सिद्ध शुक्र यंत्र" गले में धारण करें।

शनि ग्रह की अनिष्ठता से उत्पन्न रोग और निवारण के टोटके

पाठको! जब किसी जातक की कुण्डली में शनि अनिष्टकारी होता है तो जातक को निम्न बिमारियों से पीड़ित होना पड़ता है -

श्लोक

यक्षमा-वातोदरो मूच्छर्ा-स्नायु रूक कृमि सम्भवा:।
पक्षाघात-स्तथा श्वास-प्लीहा ज्वरेण शीर्णता॥
सर्वत्र वायुजा पीड़ा हस्तपाद प्रकम्पनम्।
एते हि शनि रोगा: स्थुविज्ञेया मुनि सम्मता:॥

(प्रश्न कल्प तरू से)

हिन्दी अनुवाद:- राजयक्ष्मा, वातोदर, मूर्च्छा रोग, प्लीहोदर, स्नायु पीड़ा, कृमिरोग, पक्षाघात, श्वास, जीर्ण ज्वर और हाथों पैरों का कांपना ये सभी अनिष्टकारी शनि उत्पन्न करते हैं।

इन रोगों का निवारण हेतु निम्न टोटकों का प्रयोग करें -

शनि सम्बन्धी रोग निवारक टोटके

1. शनिवार के दिन "काला सुरमा" (आँख में आँजने वाला) की डब्बी विराने स्थान में दबावें।

2. 7 शनिवार को संध्या काल शनिदेव के मंदिर में सरसों तेल का दीपक जगावें और काले माह (उड़द) साबुत मंदिर में दान करें।

3. शनिवार को काला वस्त्र धारण करें।

4. सिद्ध महाकाल शनि यंत्र" काले डोरे के साथ गले में धारण करें।

5. मांस-मदिरा का सेवन हर्गिज न करें।

राहु ग्रह की अनिष्टता से उत्पन्न रोग और निवारण के टोटके

पाठको! जब किसी जातक की कुण्डली में राहु ग्रह अनिष्टकारी होता है तो निम्नलिखित रोग उत्पन्न करता है -

मानसिक पीड़ा, उन्माद, क्रोध, अपस्मार, व्यर्थ की चिन्ता और विशेष कर "वायु रोग"! से पीड़ित करता है। इसके लिए निम्न टोटकों का इस्तेमाल कर राहु की अनिष्टता शांत करे और रोग निदान करें।

राहु ग्रह सम्बन्धी रोग निवारण टोटके

1. शनिवार से आरम्भ कर 43 दिन लगातार तांबे का छेद वाला "एक पैसा" रात्रि के समय गंदे नाले में प्रवाहित करें।

2. शनिवार के दिन सफाई कर्मचारी को "नारियल का झाड़ू" दान करें।

3. नित्य "गाय के मूत्र" से दांत साफ करें।

4. 7 शनिवार को "मूली "मंदिर में दान करें।

5. जौ के दाने दूध से धोकर एक शनिवार को बहती दरिया में प्रवाहित करें।

6. "सिद्ध राहु यंत्र" गले में धारण करें।

केतु ग्रह की अनिष्टता से उत्पन्न रोग और निवारण के टोटके

पाठको| जब जातक की कुण्डली में केतु नीच का या पापग्रह के रूप में स्थित हो जाता है तो निम्न रोग उत्पन्न करते हैं -

शरीर दाह, अल्प निद्रा, पित्त सम्बन्धी व्याधियां, चक्कर आना। इसे निवारण हेतु निम्न टोटकों का प्रयोग करें:-

केतु ग्रह सम्बन्धी रोग निवारक टोटके

(1) 9 शनिवार को काले तिल शनिदेव मंदिर में दान करें अथवा बहती दरिया में प्रवाहित करें।

2. काले कुत्ते को हर शनिवार को मीठी रोटी डाला करें।

3. "सिद्ध केतु यंत्र" गले में धारण करें।

4) 9 शनिवार को रात्रि के समय एक कोयला का टुकड़ा आग पर लाल

करके कच्चे दूध से बुझाएँ।

5. शनिवार के दिन "बिछआ बूटी की जड़" लाकर, गंगाजल से धोकर,| उसमें 9 फेरे काले धागे लपेट कर, 9 गांठ लगाकर गले में धारण करें।

"समस्त ग्रहों का उपद्रव शांत करने हेतु"
एक ही परम शक्तिशाली अनुभूत टोटके

पाठको! नीचे वर्णित टोटके द्वारा समस्त ग्रहों के उपद्रवों का विनाश होता है और महादरिद्रता का नाश होता है। रोग, शोक और असफलताएँ दूर होती है और व्यक्ति जबतक जीवित रहता है ग्रहादि पीड़ाओं से मुक्त होकर जीवन व्यतीत करता है।

टोटके प्रयोग विधि

शनिवार के शाम को मिट्टी के एक घड़ा में "आक" "धथूरा" और "अपामार्ग "(चिरींचटा) की जड़ें, दूब, बरगद शीशम और गूलर के पत्ते डाल। दें। इसके बाद गाय का कच्चा दूध, मट्टा (छाछ) तथा गौमूत्र डालें। फिर चावल, चना,

मूंग, गेहूं, काले एवं सफेद तिल, पीले सरसों, लाल एवं सफेद चन्दन का डुकड़ा एवं शहद डालकर घड़े के मुख के उपर मिट्टी का ही ढककन डाल दें। इसके बाद पीपल वृक्ष के पास घड़ा उठाकर ले जाकर रखें| तत्पश्चात् पीपल के जड़ के पास एक डेढ़ हाथ गहरा गड़ढा खोदकर वह मिट्टी का बर्तन खड़ी अवस्था में गाड़ दें, उपर से पूर्ण रूपेण मिट्टी ढक दें।इसके बाद उसके उपर गाय के घी का दीपक और सुगन्धित अगरबत्ती जलावें अब करजोड़ कर 5 मिनट तक निम्न मंत्र का जप करें:-

"ॐ नमो भास्कराय सर्व ग्रहाणां पीडां नाश कुरु-कुरु स्वाहा।"

मंत्र जप समाप्त होने के बाद पीपल वृक्ष को प्रणाम कर घर वापस आ जाएं और पीछे मुड़कर न देखें। यह क्रिया मैंने कई लोगों को देश और विदेशों में करवारहा हूँ, जिसका अति सुखद परिणाम सामने आ रहे हैं। आप भी इस क्रिया को करके जीवन सफल बनावें।

कैंसर होने की चेतावनी और कैंसर होने से पूर्व बचाव के टोटके

सावधान! आपको "कैंसर "हो सकता है) "

पाठको! "कैंसर" एक असाध्य बिमारी है| इस बिमारी से आज दुनियाँ के अनेकों मनुष्य मृत्यु के मुख से समा चुके हैं। आधुनिक विज्ञान भी अबतक इस रोग का सफल निदान नहीं पा सके हैं। यह "लाइलाज असाध्य रोग "है।" ज्योतिष शास्त्र के योगों के अनुसार मैं उन व्यक्तियों को सूचित कर रहा हूँ, जिन्हें कैंसर हो जाएगा।

1. जिस जातक की कुण्डली में कर्क, वृश्चिक, मीन, मकर एवं तुला राशियों में से कोई दो राशियाँ यदि षष्ठेश, अष्टमेश एवं द्वादशेश के प्रभाव में हो; पाप ग्रसित हों तो उसे "कैंसर" हो जाता है।

2. सूर्य से छठे, आठवें एवं द्वादश स्थान के स्वामी का सम्बन्ध राहु-केतु से होने पर व्यक्ति को कैंसर होता है।

3. कर्क लग्न के अधिकांश लोगों को कैंसर होता है| कर्क लग्न में बृहस्पति मुख्य रूप से कैंसर रोग का कारक है। गुरु यहाँ कैंसर में वृद्धि कराता है। शनि, द मंगल और गुरु इन तीनों का सम्बन्ध छठे, आठवें, बारहवें तथा द्वितीय स्थान के स्वामियों से होने पर जातक की मृत्यु कैंसर रोग से होती है।

4. शनि या मंगल छठे या आठवें स्थान में राहु या केतु के साथ हो तो व्यक्ति को कैंसर होने की सम्भावना रहती है।

5. द्वितीयेश आठवें हों, तथा अष्टमेश लग्न में चन्द्रमा के साथ हो, षष्ठेश 6, 8, 12 वें भावों में हो तो ऐसे जातक की मृत्यु "ब्लड कैंसर "से होती है।

6. षष्ठेश पाप ग्रहों के साथ लग्न, आठवें या दसवें स्थान में बैठा हो तथा पाप दृष्ट हो तो जातक को कैंसर जैसी लाइलाज बिमारी होती।

7. सूर्य छठे, आठवें या द्वादश स्थान में पाप-ग्रहों के साथ हो तो जातक को पेट या आँतों में "अलसर "होती है। यदि राहु का प्रभाव लग्न या.सूर्य के साथ हो तो जातक को "कैंसर "होता है।;

8. द्वितीय भाव में पाप ग्रह हो, द्वितीयेश पाप ग्रह से युत होकर छठे, आठवें या बारहवें भाव में हो, लग्न एवं लग्नेश निर्बल हो तो जातक को "कैंसर "हो जाता है।

कैंसर होने से पूर्व बचाव के टोटके

पाठको। उपरोक्त आठों योगों में से किसी भी योग से व्यक्ति ग्रसित हो तो "कैंसर" से बचाव हेतु पूर्व ही निम्न टोटकों का इस्तेमाल कर जीवन सुरक्षित कर डे ले रे

1. तांबे के लोटे में सदैव पानी पिया करें।

2. प्रात: काल स्नान से पवित्र होकर, भगवान शिव की तस्वीर के पास एक सुगन्धित अगरबत्ती जलाकर "3% हौं जूं स:" मंत्र का जप रोज किया करें।

3. "महामृत्युंजय मंत्र" का सवा लाख मंत्रों द्वारा' अनुष्ठान योग्य पंडित से सम्पन्न करावें।

4. "सिद्ध महामृत्युंजय संयुक्त सिद्ध महांकाल यंत्र" गले में धारण करें।

5. मांस-मदिरा का सेवन भूल से भी न करें।

6. शिवलिंग पर चढ़ाया हुआ जल 41 दिन लगातार प्रात: काल स्नान से पवित्र होकर एक चम्मच पी लें, फिर चाय-नाश्ता ग्रहण करें।

नोट:- उपरोक्त टोटकों और विधान को करके जन्म कुण्डली में स्थित

"कैंसर योग "को समाप्त कर स्वस्थ जीवन प्राप्त करें।

"कुष्ट" (कोढ़) होने की चेतावनी और
कोढ़ होने से पूर्व बचाव के टोटके

नीचे वर्णित "हों के योग" वालों को चेतावनी, आपको "कुष्ट रोग" हो जाएगा पाठको! कैंसर, कुष्ट रोग, रक्त कैंसर, क्षय रोग आदि असाध्य बिमारियों ने संसार के अनेकों लोगों को मृत्यु के गाल में समाए जा रहा है, जिसका विज्ञान के पास अभी तक कोई सटीक इलाज हाथ नहीं लग पाया है।

उपरोक्त भयानक रोगों से ग्रसित होते देख हमें अति चिन्ता हुई, फिर मैंने "ज्योतिष शास्त्र" के माध्यम से "मनुष्य को असाध्य रोग क्यों होता है? इन रोगों से बचाव कैसे किया जाय "इन सूत्रों को ढूंढना आरम्भ किया, रिसर्च आरम्भ किया। अति प्राचीन ज्योतिष ग्रन्थ भोजपत्र पर लिखी हुई हमें नेपाल नरेश के शाही लाइब्रेरी में प्राप्त हुआ, जिसे देखकर मैं सन्न हो गया, क्योंकि वे महाग्रन्थ पूर्व काल के ऋषि-महर्षियों द्वारा हस्त लिखित वास्तविक ग्रन्थ था। उन महाग्रन्थों के भोजपत्र के पन्नों को आधुनिक विधि से लेमिनेशन कराकर कम्प्यूटराईज कर दिया गया है। बटन दबाने से अपने आप शीशे के अन्दर लगा हुआ महाग्रन्थों के पृष्ट उलट जाते हैं।"

वहाँ पर मैंने महर्षियों का परम पावन हस्तलिखित ग्रन्थ जातक तत्व, मान।

सागरी, जातक पारिजात, सर्वाथ चिन्तामणि, होरा रत्न, वृहद पारासरी, भाव कौतुहल आंदि महान ग्रन्थों का अध्ययन कर गहन खोज किया कि मनुष्य को असाध्य रोग किन-किन ग्रह योगों के द्वारा होते हैं, और उनसे बचने हेतु क्या उपाय करना चाहिए।।

पाठको! ऋषि-महर्षियों द्वारा हस्त लिखित उन महाग्रन्थों का' मूल महाश्लोक" हिन्दी अनुवाद सहित मानवों के कल्याण हेतु समर्पित कर रहा हूँ, जो "कुष्ट रोग" से सम्बन्धित है। निम्न" महाश्लोकों" का अनुसंधान देश-विदेशी के अनेकों कुष्ट रोगियों की जन्म कुण्डलियों पर किए तो का निम्न ग्रहयोगों वाले व्यक्ति ही 96% "कुष्ट रोगी! हैं

श्लोक

लग्न स्थाने यदा भौमो ह्याष्टमे च दिवाकर:।
सौरिश्च-चतुर्थ भवने, तदा कुष्ठी भवेन्नर:॥
(मानसागरी आ॰ 4/74, पृष्ठ 27)

हिन्दी अनुवाद:- लग्न में मंगल, अष्टम में सूर्य और चतुर्थ भवन में शनि "होने पर "कुष्ट" रोग से मनुष्य पीड़ित हो जाता है।

श्लोक

पाप-मध्यन-वभागगे विधौ मन्द भौम युत विक्षितेऽथवा।
। मेषण-क्रज्ञषकर्क-टांगसे कुष्ठ वानपि भवेत्तदा नरः॥
(मानसागरी से)

हिन्दी अनुवाद:- मेष, मकर, मीन, कर्क इन राशियों में चन्द्रमा पाप ग्रहों के बीच में स्थित हो और शनि मंगल करके दृष्ट हो तो जातक को "कुष्ट रोग "का शिकार होना पड़ता है।

श्लोक

जीव भौमो तु मृत्युस्थो, शनि सौम्यौ रिपुस्थो।
पश्यंति लग्न कुराश्च, रक्त कुष्टी तु मानवः॥
(होरा रत्न-महाग्रन्थ से)

हिन्दी अनुवाद:- अष्टम स्थान में बृहस्पति और मंगल, छठे स्थान में शनि- बुध हो और लग्न को पाप ग्रह देखता हो तो मनुष्य को "कोढ़ "हो जाता है।

श्लोक

क्रूरा कुलीरइष वृश्चिक राशि संस्था।
लूतादिक सम-भवत्खलू तत्र कुष्टं ॥
(होरा रत्न, महाग्रन्थ से)

हिन्दी अनुवाद:- क्र ग्रह कर्क, मीन और वृश्चिक जलराशि में हो तो घुटने से पैर तक कुष्ट सहित असाध्य रोग होते हैं।

श्लोक

ऋर-युक्ते क्षितं लग्नं लग्नात पंचम गोथवा।
गोक-कालि-मृगारव्य-एचेद्रासि: स्यातस्ति कुष्टवान्॥

(होरा रत्न, महाग्रन्थ से)

हिन्दी अनुवाद:- लग्न में या पाँचवें स्थान में पाप ग्रह हो और वृष, कर्क, वृश्चिक तथा मकर राशि में भी पाप ग्रह हो तो जातक को "सफेद कुष्ट" होता है।

श्लोक

मंदारें-दचच्छेषु क्रादितेषु जल भगेषु सजल कुष्टी।

(जातक तत्व, महाग्रन्थ से)

हिन्दी अनुवाद:- शनि, मंगल, चन्द्र और शुक्र ये चारों ग्रह पाप ग्रह से युत व दृष्ट और जल राशि में गए हों तो" सजल कुष्ट रोग" होता है। ऐसे जातक के घाव से पानी व मवाद बहता रहता है।

श्लोक

लग्नाधिशें-दुपुत्रो क्षिति तनय निशा-नायकौ क्वापि संस्थो।
युक्तौ स्वर्भानु नावा भवति हि मनुजः केतुना: एवेत कुष्टी ॥

(योग रत्नाकर, महाग्रन्थ से)

हिन्दी अनुवाद:- लग्न का स्वामी बुध, मंगल और चन्द्रमा राहु अगर केतु के साथ कोई भी स्थान में हो तो "सफेद कुष्ट "का रोग होता है।

श्लोक

चंन्द्राच्छौ सपापौ जल भगौश्चत्रि।

(जातक तत्व, महाग्रन्थ से)

हिन्दी अनुवाद:- जल राशि में गया हुआ चन्द्र शुक्र-युत हो तो "सफेद कुष्ट" होता है।

श्लोक

मंदार चंद्रा मेष वा वृषे-शिचत्रि।

(जातक तत्व, महाग्रन्थ से)

हिन्दी अनुवाद:- शनि, मंगल और चद्रमा ये तीनों मेष अथवा वृष राशि में गए हो तो "सफेद कुष्ट "होता है।

श्लोक

मृत्यु-स्थिताश्चंद्र-जजीष भास्कराः, षष्ठे स्थिता वा पुरुषस्य देहे। -
लग्नाधिपः कुर-खगस्त तुलग्नं, निरीक्षिते क्र खगास्तु कुष्टी॥(होरा रत्न, महाग्रन्थ से)

हिन्दी अनुवाद:- यदि छठे आठवें स्थान में बुध, बृहस्पति, सूर्य हो और लग्न का मालिक पाप ग्रह हो और लग्न को पाप-ग्रह देखते हों या युक्त हो तो कुष्ट रोग होता है।

नोट:- पाठको! उपरोक्त योगों से जो भी जातक ग्रसित होते हैं उन्हें "कुष्ट "जैसे असाध्य रोग का शिकार होना पड़ता है| बच्चों के जन्म लेने पर यदि "बाल्य काल" में ही जन्म कुण्डली निर्णय से उपरोक्त योगों का पता लग जाय तो ज्योतिष महाग्रन्थों में वर्णित नीचे वर्णित वैदिक उपाय और टोटके करके इन जानलेवा भयानक रोग से शरीर को बचाया जा सकता है और स्वस्थ जीवन जी सकता है।

"कोढ़" (कुष्ट) होने से पूर्व बचाव के टोटके

1. रविवार के दिन तांबे का छिद्र वाला एक पैसा लें, उसमें कत्थई (कोका कोला रंग) रंग के धागे के डोरे में डालकर गले में धारण करें, तो कुष्ट नहीं होगा।

2. रविवार से आरम्भ कर, तांबे के लोटे में जल भरकर, उसमें शक्कर, केशर और अड़हुल पुष्प की पंखुड़ी डालकर भगवान सूर्य को नित्य हो अर्ध्य प्रदान किया करें, तो कुष्ट रोग का शिकार नहीं होंगे।

3. रविवार से आरम्भ कर नित्य ही सूर्योदय होने पर, स्नान से पवित्र होकर पूरब मुख बैठकर "आदित्य हृदय स्तोत्र" का पाठ करें तो कुष्ट हो ही नहीं सकता।

4. सिद्ध सूर्य संयुक्त सिद्ध महामृत्युञ्जय यंत्र गले में धारण करने से कुष्ट रोग होने का सवाल ही नहीं उठता।

5. तांबे क लोटे में पानी पिएं तो "कुष्ट रोग' नहीं होगा।

सिद्ध शाबर मंत्र

शाबर मंत्र वह मंत्र है जो ग्रामीण भाषा यानि सरल भाषा ऐसी भाषा जो आम आदमी बोलचाल में प्रयोग करते है । कोई कठिन संस्कृत भाषा में मंत्र नहीं है । इस पुस्तक में 400 से भी अधिक ऐसे मंत्र एवं उनकी विधि ऐसे अचूक दिये गए है। जिसे आप आसानी से सिद्ध करने में सफल हो जाएंगे एवं अपनी समस्याओं पर आसानी से काबू पा सकते हैं एवं हल कर सकते हैं । सभी मंत्र सिद्ध किये मंत्र है। आज ही मंगवाकर पढ़ें एवं लाभ उठाएं। मूल्य 50/- रूपये।

महामाया 'पब्लिकेशन्स, नज़दीक चौंक अड्डा टांडा, जालन्धर-222696

क्षयरोग टी.वी.) होने की चेतावनी, शेगहोने से पूर्व बचाव के टोटके
सावधान! नीचे लिखित ग्रहों के योग वालों को "क्षय रोग" हो जाएगा

"क्षय रोग" जिसे अंग्रेजी में टी.वी." कहते हैं, ये भी असाध्य रोग ही होते। हैं परन्तु आधुनिक विज्ञान से बहुत हद तक इसकी औषधि ढूंढ निकाली है। इस रोग में फेफड़ों में पानी हो जाता, खांसते-खांसते रोगी का दम निकलते लगता है और व्यक्त धीरे-धीरे अति कमजोर हो जाता है। कितने व्यक्ति इस रोग से मृत्यु का शिकार भी हो जाते हैं।

"क्षय रोग" किसे होता है? आदिकाल के अति दुर्लभ ग्रन्थों में इसका "महाश्लोक" निम्न प्रकार वर्णित है। इन महाश्लोकों के अनुसार मैंने एक सौ जन्म कुण्डली का "रिसर्च" किए तो 83% क्षय रोगी इन महाश्लोकों से जुड़े हुए मिले -

श्लोक
चन्द्र क्षेत्रे यदा चान्द्रि-जायते यस्य जन्मति।
स जात: क्षयरोगी स्यात् कुष्टादि भिरूप ब्रुत: ॥
(मानसागरी महाग्रन्थ से)

। हिन्दी अनुवाद:- चन्द्रमा के घर में यदि बुध हो तो वह "क्षय रोग" और "कुष्ट" के उपद्रव से युक्त होता है।

श्लोक
"शुक्रांगे शोत्रिके क्षय रोगी"

हिन्दी अनुवाद:- शुक्र और लग्न स्वामी 6, 8 अथवा 12वें स्थान में हो तो क्षय रोग" होता है। अंशात्तु-बीत-यगौक्रमा त्कुज राहू क्षय रोगी" हिन्दी अनुवाद:- कारकांश लग्न से चौथे स्थान में मंगल और बारहवें स्थान में राहु हो तो "क्षय रोग" होता है।

"भौमा-रकक्य दृष्टे लग्ने श्वास-क्षयादि।

हिन्दी अनुवाद:- यदि मंगल व शनि लग्न भाव को देखते हों तो श्वांस सम्बन्धी "क्षय रोग" होता है। "सिंहे वा कर्के चन्द्रार्को क्षयी"

हिन्दी अनुवाद:- सिंह राशि में अथवा कर्क राशि में चन्द्रमा का योग हो तो "क्षय रोग" होता है।।

श्लोक
जल राशि गते चन्द्रे, चाष्ट मस्थे5थवा गुरौ।।
पाप ग्रहेण संदृष्टे, क्षय रोगान्मृति वदेत्॥

हिन्दी अनुवाद:- यदि जल राशि में 4, 10, 11, 12 स्थान में चन्द्रमा हो तथा बृहस्पति अष्टम स्थान में हो और पाप ग्रह देखते हों तो "क्षय रोग" से मृत्यु होती है।

श्लोक
सारे विधौ लग्न पति क्षिते वा।
विलोम बुद्धि: क्षय रोग युक स्यात्॥

हिन्दी अनुवाद:- ग्यारहवें स्थान में सूर्य और पंचम में शनि तथा अष्टम में पाप ग्रह हो तो "क्षय रोग" होता है।'

श्लोक
सूर्या तनुस्थे चतु-रस्त्रगे वा।
खस्थौ-यमारौ, क्षय पीड़ित: स्यात्॥

हिन्दी अनुवाद:- लग्न, चौथे, आठवें इसमें से कोई भी स्थान में सूर्य हों और दशम स्थान में शनि या मंगल हो तो "क्षय रोग" होता है।

श्लोक

पापयोमध्यगे चंद्रे रवौ मकर-राशिगे।
शवास-गुल्म क्षय प्ली है राधि व्याधि प्रपीड़ित: ॥

हिन्दी अनुवाद:- पाप ग्रह के मध्य में चन्द्रमा हो और सूर्य मकर राशि में हो तो (श्वास-गुल्म) "क्षय रोग" होता है। नोट:- पाठकों! उपरोक्त समस्त "क्षयरोग योग "में से कोई भी योग व्यक्ति की कुण्डली में हो तो ज्योतिष महाशास्त्र में इससे बचने हेतु निम्न "टोटके' एवं उपाए वर्णित है।

1. भाद्रपद (भादो) पूर्णिमा की रात्रि में गाय का दूध, सफेद चावल, चीनी मिश्रित कर "खीर "बनावे। आग जलाने के लिए गाय के गोबर की सूखी पाथी द (गोयठा) इस्तेमाल करें खीर तैयार होने के बाद उसे पवित्र कांशे की थाली में रखकर चन्द्र किरणों "के सामने रखें थाली के पास धूप व दीपक जगा दें रातभर उस खीर में चन्द्रमा की किरण पड़ने दें। प्रात: काल उस खीर का भोजन कर लें तो जीवन में कभी "क्षय रोग" एवं "दमा रोग" का शिकार नहीं बनेंगे।

2. चाँदी का चन्द्रमा बनवा कर, सोमवार के दिन शिवलिंग पर चढ़ाल तो "क्षय रोग नहीं होगा।

3. "सिद्ध चन्द्र संयुक्त महामृत्युइ्जय यंत्र" गले में धारण करें तो क्षय रोग का शिकार नहीं बनेंगे।

4. शुक्ल पक्ष में स्नान से पवित्र होकर "ॐ श्रां श्रीं श्रौं सः चन्द्रमसे नम:" मंत्र का बार जप करें और उदित चन्द्र को सुगन्धित अगरबत्ती जलाकर दिखावें ह कार्य 7 रात्रि करें तो "क्षय रोग" से ग्रसित नहीं होंगे।

|नोट:- पाठको! ज्योतिष महाग्रन्थों के इन" महा श्लोकों" का जो वर्णन लिख रहा हूँ और जो आगे लिखने जा रहा हूँ वह "समस्त एलोक "पूर्व काल के ऋषि-महर्षियों द्वारा हस्त लिखित महा ग्रन्थों से प्राप्त की है। श्लोकों का. अनेकानेक कुण्डलियों पर परीक्षण किया हूँ, जो कठोर सत्य साबित हुई है। अब मैं उन श्लोकों का वर्णन कर रहा हूँ, जिस "श्लोक सूत्र" से किसी के पुत्र की "मृत्यु" हो जाती है।

हस्त रेखा शास्त्र

हस्त रेखाओं पर आधारित हमारी एक ऐसी अनमोल पुस्तक जिसमें विवाह रेखा, जीवन रेखा, भाग्य रेखा, मस्तक रेखा, हृदय रेखा, स्वास्थ्य रेखा आदि कई कार की रेखाओं का फल चित्रों सहित समझाया गया है| इस पुस्तक में 500 से अधिक हाथों के चित्र दिये गये हैं। गोल चक्र, त्रिकोण, चतुर्भुज आदि होने से मनुष्य| को क्या फल प्राप्त होता है 2? इनका विस्तारपूर्वक वर्णन पुस्तक में लिखा है। इसे पढ़कर आप हस्त रेखाओं की अच्छी जानकारी पा सकते हैं। पुस्तक का मूल्य 50/- रु. है। घर बैठे पुस्तक प्राप्त करने के लिए 50/- रू. के मनीआर्डर अवश्य भेजें।

महामाया पब्लिकेशन्स
नज़दीक चौंक अड्डा टांडा, जालन्धर-2212696

"पुत्र की मृत्यु" हो जाने की चेतावनी
|मृत्यु से पूर्व बचाव के टोटके
सावधान! नीचे वर्णित ग्रह योग वाले व्यक्ति के "पुत्र की मृत्यु" होने वाली है

पाठको! "बिल्कुल कठोर सत्य" है कि नीचे वर्णित "ग्रहों के योगायोग" वाले "जातक के पुत्र की मृत्यु" अवश्य हो जाती है। नीचे वर्णित दुर्लभ "अमृतमय" श्लोकों की देश-विदेशों ने लगभग 7 सौ जन्म कुण्डलियाँ निरी क्षण! करने का सौभाग्य प्राप्त हुआ, इनमें से 607 वयस्क पुरुषों के पुत्रों की मृत्यु हो चुकी है, अत: श्लोकों की सत्यता पर शक की कोई गुंजाईस नहीं।

इसलिए संसार के बुद्धि जीवियों से मैं अपील करता हूँ, निवेदन करता हूँ कि| यदि आप नीचे वर्णित योगों से ग्रसित हैं अथवा जन्म-कुण्डली में यह योग है तो "सावधान!" पहले ही उपाय कर लें ताकि "पुत्र मृत्यु शोक" से आप बच जा सकें।

क्योंकि संसार का प्रत्येक मनुष्य, स्त्री या पुरुष चाहे किसी भी जाति धर्म, व। सम्प्रदाय का क्यों न हो? अपना" वश" आगे चलाने की प्रबल इच्छा उसके 5 हृदय में प्रतिपल, प्रतिक्षण विद्यमान रहती है। पुत्र के हाथों "मुखाग्नि" पाए बिना तो पिता को "मोक्ष" भी नहीं मिलता। पुत्र ही सृष्टि का "सूत्राधार" है।

ददेखिए, नीचे पुत्र को मृत्यु के घाट उतारने. पु वाला "महाश्लोक"
जो सत्य साबित हुए

श्लोक

कोणागा: पापा: क्षीणन्कंगे मंदर्क्षे।
_जीबे मूढ़े पुत्र सुखं भूत्वा नश्यति॥
("जातक तंत्रम" महाग्रन्थ से)

"हिन्दी अनुवाद:- "नवम व पंचम भाव में पापग्रह हो, लग्न में क्षीण चन्द्रमा शनि की राशि (मकर या कुंभ) में हो और गुरु अस्त गत हो तो जातक के पुत्र कीमृत्यु हो जाती है।

श्लोक की सत्यता का शोध परिणाम

पाठको! इस योग में जन्मे जातक को पुत्र उत्पन्न तो जरूर होता है पर पुत्र का सुख पूरा नहीं होता। पुत्र उत्पन्न होकर कुछ काल बाद मृत्यु को प्राप्त हो जाता है।

श्लोक

लग्नेशे धन भावस्थे सुतेशों भौम संयत:।
जातं-जातं शिशुं हन्ति दीर्घायुएच्च् स्वयं भवेत्।
("बृहत्पाराशर होरा शास्त्र" महाग्रन्थ से)

हिन्दी अनुवाद:- "लग्न द्वितीय भाव में हो और पंचमेश पाप युक्त हो तो शिशु अवस्था में ही पुत्र की मृत्यु हो जाती है।"

श्लोक की सत्यता का शोध परिणाम

पाठको! इस योग में जन्म लेने वाले जातक को पुत्र सन्तान उत्पन्न होकर नष्ट हो जाती है। पर जातक स्वयं दीर्घायु वाला होता है। यह "गर्भापात" जैसा ही योग है। गर्भपात में अधूरा बच्चा मर जाता है, जबकि इस योग में पूण बच्चा (शिशु) उत्पन्न होने के बाद मरता है।

श्लोक

पुत्र स्थाने गते राहौ, तदीशे पाप संयुते।
नीच राशि गतो जीवो, द्वात्रिंशे पुत्र मृत्युदः॥

(बृहत्पाराशर होरा शास्त्र, महाग्रन्थ से)

हिन्दी अनुवादः- "पंचम भाव में राहु हो, पंचमेश पाप पीड़ित हो, या पापग्रहों के साथ हो तथा गुरु अपनी नीच राशि (मकर) में हो तो पुत्र की मृत्यु हो जाती है।

श्लोक की सत्यता का शोध परिणाम

पाठको! इस योग में जन्म लेने वाले जातक को पुत्र जरूर होता है, परन्तु "हायरे दुर्भाग्य!" 32वें वर्ष पूर्ण युवा होने पर वह मृत्यु का शिकार हो जाता है।

श्लोक

जीवात् पंचमगे पापे, लग्नात् पंचमगेॱपि च।
षट् त्रिंसे च त्रयसत्रिंसे, चत्वारिंशे सुतं क्षयः॥

(बृहत्पाराशर होरा शास्त्र, महाग्रन्थ से)

हिन्दी अनुवादः- "गुरु से पाँचवें पापग्रह हो एवं लग्न से भी पाँचवें पाप ग्रह हो तो ऐसे जातक के पुत्र की मृत्यु हो जाती है।"

श्लोक की सत्यता का शोध परिणाम

इस योग में जन्म जातक के पुत्र की मृत्यु 33, 36 या 40 वें वर्ष में हो जाती है।

श्लोक

"सिंहॱर्क जारौ सुतगौ सुतेशे षष्ठे सुत सौख्य न॥"

(जातक तत्वम्, महाग्रन्थ से)

हिन्दी अनुवादः-' पंचम भाव में सिंह राशि हो वहाँ पर शनि-मंगल बैठे हों, और पंचमेश छठे स्थान में चला गया हो तो पुत्र उत्पन्न होकर कुछ समय बाद मृत्यु के मुख में समा जाता है।"

श्लोक
"भौमक्ले सुते राहौ, भौम दृष्टे सु सौख्य न॥
(जातक तत्वम्, महाग्रन्थ से)

हिन्दी अनुवाद:- "पंचम भाव में मंगल की राशि मेष या वृश्चिक हो, वहाँ पर राहु हो, राहु मंगल से दृष्ट हो तो पुत्र की मृत्यु हो जाती है

श्लोक
"ज्ञे पंचमे लग्ने सुखे पापे, पुत्र सुखे भूत्वा नश्यति।"
(जातक तत्वम्, महा ग्रन्थ से)

हिन्दी अनुवाद:- "पंचम स्थान में बुध हो, लग्न तथा चतुर्थ (सुख) स्थान में पाप ग्रह हो तो "पुत्र की मृत्यु हो जाती है।

नोट:- पाठको! उपरोक्त "महा दुखदायी योग" जिस जातक सकी जन्म कुण्डली में हो तो उन्हें चाहिए कि महाग्रन्थों में वर्णित निम्न "टोटके" अवश्य कर लें, जिससे आपके पुत्र मृत्यु के गाल में समाने से बच सके।

पुत्र मृत्यु योग शांत करने वाला
अति तेजस्वी वैदिक उपाय और टोटके

1. महामृत्युञ्जय मंत्र का, सवा लाख मंत्रों द्वारा अनुष्ठान "योग्य विद्वान पंडित से सम्पन्न करावें।

2. "सिद्ध महामृत्युञ्जय यंत्र" पुत्र के गले में धारण करावे।

3. अपने पुत्र को "ॐ हां जूं स:" मंत्र का जप रूद्राक्ष की माला से एक माला अवश्य करावें। वह नित्य ही उपरोक्त मंत्र का कम से कम एक माला जप अवश्य किया करे।

4. शमशान घाट में (सोमवार से) पाँच दिन जाएं और "शव" के ऊपर "कफन "चढ़ावें।

5. शिवालय में नित्य जातक शिवलिंग पर बिल्व पत्र चढ़ाएं।

नोट:- पाठको! उपरोक्त उपाय करके "पुत्र मृत्यु योग" को विनष्ट करें और अपने पुत्र को अनायास मृत्यु, अकाल मृत्यु से बचाएं।

"वंश" समाप्त हो जाने की चेतावनी
और वंश बढ़ने हेतु परीक्षित टोटके

सावधान! निम्न ग्रह योगों वाले का "वंश" समाप्त होने वाला है पाठको! नीचे वर्णित ग्रह योगा योग वाले व्यक्तियों का "वंश "उसकी मृत्यु के साथ ही अति शीघ्र समाप्त हो जायेगा। क्योंकि इन ग्रह योगों से सम्बन्धित कुण्डलियों पर शोध किए, एक सौ कुण्डलियों का परीक्षण किए, जिनमें 76% व्यक्ति "वंशहीन" हो चुके हैं। अत: ऋषि महर्षियों द्वारा लिखित निम्न "महाश्लोकों "पर शक की कोई गुंजाईस नहीं।

श्लोक
लग्नान्त्य सुताष्ट-मग: पापैर्बंश विच्छे दा:।
(जातक तत्वम, महाग्रन्थ से)

हिन्दी अनुवाद:- "लग्न, पंचम, अष्टम व द्वादश स्थानों में पाप ग्रह हो तो "वंश विच्छेद योग" बनता है।

श्लोक
"भौमे अंग्र रन्ध्ने सुते र्कं वंश-विच्छेद:।
(जातक तत्वम्, महा ग्रन्थ से)

हिन्दी अनुवाद:- "लग्न में मंगल हो, अष्टम में शनि और पंचम भाव में सूर्य स्थित हो तो" वंश विच्छेद योग "बनता है। ०

श्लोक
"जुक्रे स्मरे रवे-चन्द्रे सुखे पापा वंश विच्छेद:।

हिन्दी अनुवाद:- सप्तम भाव में शुक्र हो, दशम स्थान में चन्द्रमा और चतुर्थ स्थान में पापग्रह हो तो "वंश विच्छेद योग बनता है।

श्लोक
चन्द्राष्टमे पापा वंश विच्छेद:।
सुखे पापा वंश विच्छे द:॥
(जातक तत्वम, महाग्रन्थ से)

| हिन्दी अनुवाद:- चन्द्रमा से अष्टम स्थान में पापग्रह हो तथा चतुर्थ भाव भी| पापग्रह से भरा हो तो" वंश-विच्छेद" योग बनता है।

उपरोक्त चारो महाश्लोकों
की सत्यता का "शोध-परिणाम

"पाठकों| उपरोक्त "चारो योग जन्म कुण्डली में सबसे खराब योग होता है। इस योगों में जन्म लेने वाले व्यक्तियों की आगे "पीढ़ियां" (वंश) नहीं चलती। जातक के मृत्यु के साथ, उसके स्वयं का नाम एवं वंश का नाम समाप्त हो जाता

बंश-विनाश योग शांत कर-वंश वृद्धि हेतु
महाग्रन्थों में वर्णित उपाय और टोटका

1. किसी का भी हृदय न दुखावें, स्वयं को परोपकार की सेवा में लगावें।

2. "सिद्ध नवग्रह सप्तमाता यंत्र "गले में धारण करें।

3. अगर वंश आगे चलाना है तो अपनी औकाद के अनुसार "श्री महामृत्युज्जय महादेव का शिवालय निर्माण कराकर उसमें "शिव परिवार" की स्थापना करावें।

4. नित्य ही "ॐ हों जूं सः वंश वृद्धि कुरू नम;" मंत्र। बार पढ़कर शिवलिंग पर जल चढ़ाया करें।

5. "सिद्ध महाकाल महेश्वर यंत्र" गले में धारण करें।

6. बुधवार से आरम्भ कर 4 दिन लगातार गाय को हरी घास डालें।

7. वंश वृद्धि अनुष्ठान योग्य पंडित से सम्पन्न करावें।

8. सोमवार के दिन मिट्टी के बर्तन में शहद लाल पुष्प, लाल चन्दन, कस्तूरी, डालकर शमशान भूमि में दबावें| यह कार्य रात्रि में करें, कोई देखें नहीं।

सन्तान की शिक्षा अपूर्ण रहने की चेतावनी और
शिक्षा में पूर्ण सफलता हेतु अनुसंधानित टोटके

(सावधान! नीचे ग्रह योग वालों की विद्या अधूरी रह सकती है) पाठको! आज के युग में मानव जिन समस्याओं से ग्रस्त है, उनमें शिक्षा प्रमुख है। प्रत्येक व्यक्ति की इतनी सामर्थ्य नहीं है कि वह वर्तमान समय की व्यय-साध्य विद्यालयों की शिक्षा के अलावा अपने बच्चों के हेतु प्रत्येक विषय के अतिरिक्त प्रशिक्षण (ट्यूशन) करवा सके। विद्यालय की स्थिति यह है

कि अध्यापक या तो आते नहीं और आते भी हैं तो पढ़ाते नहीं। यदि कोई सच्चरित्र शिक्षा देना भी चाहे तो कुछ छात्र पढ़ना ही नहीं चाहते तथा अन्य छात्र की शिक्षा में भी बाधा डालते हैं। कुछ भी हो परीक्षा में उत्तीर्ण न होने पर, शिक्षा अधूरी रह जाने पर, पढ़ने में बच्चे कमजोर रहने पर पश्चाताप सभी को होता है। माता-पिता के अनेकों प्रयास के बावजूद भी कुछ बच्चों की शिक्षा अधूरी रह जाती है, बच्चे पढ़ाई से जी चुराते हैं, उसे सबक याद नहीं होता आखिर ऐसा क्यों होता है?

इस पर मैंने अपना अनुसंधान आरम्भ किए, इसका कारण खोज किए। बच्चोंकी शिक्षा अधूरी क्यों रह जाती है? इस सम्बन्ध में पूर्व काल के ऋषि-महर्षियों द्वारा लिखित महाग्रन्थों से" महाश्लोक "प्राप्त कर उसका परीक्षण देश-विदेश के 500 जन्म कुण्डलियों पर किए तो 94% बच्चे शिक्षा प्राप्ति में अति कमजोर पाए गये और उनकी शिक्षा अधूरी रह गई। अत: शोध की कसौटी पर निम्नलिखित "महाश्लोक" खरे उतरे हैं:-

श्लोक

लगने चंद्रे मंदार दृष्टे हीनघी:।
मंदाराकी-एच-चन्द्र पश्यन्ति मौरव्यकरा: ॥

हिन्दी अनुवाद:- लग्न में चन्द्रमा हो तथा उसे शनि, मंगल देखते हों अथवा चन्द्रमा कहीं भी बैठा हो और शनि, मंगल व सूर्य दृष्ट हो तो "मंद बुद्धि योग" बनता है।

श्लोक की सत्यता का शोध परिणाम

इस योग में जन्म लेने वाले जातक की बुद्धि मंद (क्षीण) होती है। अन्य लोगों के अनुपात में ये हीन बुद्धि वाले जातक होते हैं। शोध से यह भी स्पष्ट हुआ है कि ऐसे जातक हीन भावना (इंफीरियर काम्पलेक्स) से ग्रसित होते हैं, इसलिए इसकी शिक्षा अधूरी रह जाती है।

श्लोक

बुद्धि भाव गता: क्रूश: शत्रु ग्रह समाश्चिता:।
नीच राशिगतश्चेव मूर्खा वै मनुजो भवेत्॥
(होरा रत्न महाग्रन्थ से)

हिन्दी अनुवाद:- पंचम स्थान में क्रूरग्रह, शत्रुग्रह से युत हो और नीचराशिगत हो तो व्यक्ति मूर्ख ग्रसित होता है।

श्लोक की सत्यता का शोध परिणाम

इस योग में जन्मे बालक या बालिका अपनी बात पर अड़े रहते हैं, वे अपनीमाता-पिता का सुनते ही नहीं| इसलिए पढ़ाई उसे रास नहीं आती| इसलिए शिक्षा अधूरी रह जाती है।

बुद्धि स्वामी विनष्टोवे, रवि-राहु शनैहचरैः।
दृष्टो युक्तो विशेषेण, महामूर्खो-भवेन्नरः ॥

हिन्दी अनुवादः- पंचम स्थान का स्वामी बलहीन हो, सूर्य-राहु"शनि से युत या दृष्ट हो तो जातक "महामूर्ख "रह जाता है।

श्लोक की सत्यता का शोध परिणाम

इस योग में जन्मे जातक माता-पिता के लाड़-प्यार के कारण अपराधी प्रवृत्ति के हो जाते हैं और स्कूल कॉलेज जाने से कतराते रहते हैं, परिणाम स्वरूप "महामूर्ख" रह जाता है।

श्लोक
"सुते जीवे मेधांनाश:
(जातक तत्वम्, महा ग्रन्थ से)

4 हिन्दी अनुवादः- इस योग में जन्म लेने वाले जातक की स्मरण शक्ति कमजोर होती है।

श्लोक
"सुते मंदे लग्नेशो मन्द दृष्टे सुतेशे जड़."
(जातक तत्वम्, महा ग्रन्थ से).

हिन्दी अनुवादः- पंचम भाव में शनि लग्नेश होकर स्थित हो और पंचमेश को देखता हो तथा पंचमेश या लग्नेश पाप ग्रहों से युत दृष्ट हो तो "जड़ बुद्धि. योग" बनता है।

श्लोक की सत्यता का शोध परिणाम

इस योग में जन्म लेने वाले जातक जड़ बुद्धि वाला (मूर्ख) होता है।इसकी शिक्षा अधूरी रह जाती ऐसे बालकों को साधु-सजनों एवं विद्वानों की बातें पसंद नहीं होती। यह योग केवल मकर एवं कुंभ लग्न में ही घटित होगा।

नोट:- पाठकों! स्थानाभाव के कारण अब कुछ विद्याभंग योगों के "महाश्लोकों" का केवल "हिन्दी अनुवाद" लिख रहा

6. पंचम भाव में वृष, कन्या, मकर राशि हो अथवा पंचमस्थ शनि धनु 5राशि में हो तो "विद्या भंग योग" बनता है| ऐसे जातक की विद्या अधूरी रह जाती है।

7. पंचमेश यदि छठे, आठवें या बारहवें स्थान में हो अथवा पंचमेश पाप ग्रहों के साथ हो तो "विद्या भंग योग" बनता है।

शोध से ज्ञात हुआ है कि इस योग में जन्म लेने वाले जातक के विद्या अध्ययन में बाधा रूकावट अवश्य आती है। ऐसा जातक एक दो बार फेल होता है। यदि पंचम भाव या पंचमेश शुभ ग्रहों से दृष्ट हो तो रुकाबट के बाद पुन:

अध्ययन होता है, अन्यथा विद्या अधूरी रह जाती है। फलस्वरूप जातक को एजुकेशनल डिग्री "नहीं मिल पाती|

"अधूरी शिक्षा योग" की अनिष्टता शमन कर
पूर्ण शिक्षा प्राप्त करने हेतु अनुसंधानित टोटके

पाठको| उपरोक्त विद्या भंग योगों की अनिष्टता शमन करने एवं पूर्ण विद्या हासिल करने का विधान भी महाग्रन्थों में वर्णित है। उपरोक्त योगों वाले हजारों मंद बुद्धि विद्यार्थियों को नीचे लिखित उपाय व टोटके करवा रहा हूँ, जिससे मंद बुद्धि छात्र तेजस्विता, स्मरण शक्ति में तीव्रता प्राप्त कर शिक्षा में पूर्णता हासिल कर रहे हैं।

1. "सफेद स्फटिक "के 54 दानों की माला गले में धारण करें।

2. नित्य ही माता सरस्वती की तस्वीर के समक्ष एक अगरबत्ती जलाकर करजोड़ कर, कम से कम 5 मिनट तक "3& ऐं शारदा नम: मंत्र का जप करके, फिर चाय नाश्ता ग्रहण कर स्कूल या कॉलेज जाएं।

3. "सिद्ध अष्ट सरस्वती यंत्र" गले में धारण करें।

4. 9 बृहस्पतिवार को 9 की संख्या में केले मंदिर में दान करें।

5. एक मुखी रूद्राक्ष गले में धारण करें।

नोट:- पाठको! अगले खण्ड में मैं कुछ "भविष्य वाणियां "करने जा रहा हूँ कि किस ग्रह योगों के कौन से बच्चे कौन सी शिक्षा हासिल करें, ताकि उन्हें अपनी उच्च शिक्षा का पूर्ण लाभ मिल सके।

विद्यार्थियों के लिए उच्च शिक्षा, उच्च पद और उच्च मान-सम्मान प्राप्त करने की "भविष्य वाणियां" और टोटके

पाठको! "जन्म कुण्डली" के ग्रहों के योगायोग का निरीक्षण कर यदि शिक्षा दिलाई जाय तो बच्चे उच्च ज्ञान, उच्च पद और उच्च मान-सम्मान प्राप्त करते हैं।

नीचे मैं कुछ "अमृतमय भविष्यवाणियां" कर रहा हूँ, यदि इनके अनुसार आप अपने बच्चों को शिक्षा दिलायेंगे तो निश्चय ही वे एक महान व्यक्ति बन जायेगा और देश तथा आपका नाम उज्जवल करेगा।

पाठको! स्थानाभाव के कारण मैं महाग्रन्थों के" महाश्लोकों" का केवल

"हिन्दी अनुवाद" आगे वर्णित कर रहा हूँ।

"वैज्ञानिक" बनने की भविष्य वाणी और वैज्ञानिक बनाने में सहायक टोटके

1. पाठकों! यदि आपकी जन्म कुण्डली में या आपकी सन्तान की कुण्डली में लग्न में बृहस्पति हैं, चन्द्रमा केन्द्र में है और राहु से तृतीय स्थान में है तो "उच्च वैज्ञानिक योग" बना हुआ है।

   भविष्यवाणी:- मुबारक हो, आप एक उच्च कोटि का वैज्ञानिक बन जायेंगे। आपके जीवन में सभी प्रकार की खुशियाँ व ऐश्वर्य सहज में ही प्राप्त हो जायेंगे और राजा तुल्य सुख भोग करेंगे।

2. यदि आपकी कुण्डली में अष्टमेश और तृतीयेश की युति है तो दोनों ही बलवान हो गया है। यह "वैज्ञानिक योग" बना हुआ है।

भविष्यवाणी:- यदि आपकी कुण्डली में उपरोक्त योग है तो आप निश्चय ही विज्ञान की शिक्षा प्राप्त कीजिए, क्योंकि भविष्य में आप "वैज्ञानिक" बनने वाले हैं। आप अनुसंधान में रूचि रखने वाले होंगे। आविष्कार तथा नित्य नई खोज में लीन रहा करेंगे। आपके कार्यों से विश्व अचंभित रह जायेगा।

वैज्ञानिक बनाने में सहायक टोटके

1. ॐ ऐं शारदा नम:" मंत्र का जप, माता सरस्वती की तस्वीर के समक्ष mएक अगरबत्ती जलाकर नित्य किया करें।

2. "पीला कम्बल "बृहस्पतिवार के दिन विद्वान ज्योतिषी को दान करें। यह कार्य एक ही बृहस्पतिवार करें।

3. "सिद्ध नील सरस्वती यंत्र" गले में धारण करें।

4. शनिवार के दिन "चमेली पुष्प की जड़ "को आमंत्रित कर रविवार को ले आएं, उसे गंगा जल अथवा गाय के दूध से धोकर, उसमें सफेद धागे से 9 मारकर और नौ ही गांठ लगाकर दायीं भुजा में धारण कर लें।

उच्च कोटि के लेखक, पत्रकार, कवि, सम्पादक बनने की भविष्यवाणी और ये सभी बनाने में सहायक टोटके

1. पाठको! यदि आपकी जन्म कुण्डली में दशम भाव का स्वामी पंचम भाव में हैं, बुध केन्द्र में है और बलवान सूर्य सिंह राशि में है तो "शारदा योग" बना हुआ है।

भविष्यवाणी:- उपरोक्त योग में जन्म लेने वाले जातक माँ शारदा के "वरदपुत्र" होते हैं। बुध केन्द्र में बुद्धि की वृद्धि करता है और सूर्य ज्ञान का प्रकाश होने के कारण बुद्धि को उज्जवल प्रकाश से प्रकाशित करता है। दशम घर व्यापार का है। दशमेश पंचम में आने से बुद्धि व्यापार में, व्यवहार में उत्तमता आती है। आप इस योग में उत्पन्न हुए हैं तो निश्चित ही आपकी शिक्षा आपका ज्ञान जन-उपयोगी हो जायेगा और आपको सरकार से, समाज से पूर्ण सम्मान भी मिलेगा। आप उच्च कोटि के पत्रकार, कवि, लेखक व सम्पादक बनकर दुनियां में अपनी छाप छोड़ जायेंगे।

2. यदि आपको कुण्डली में गुरु चन्द्रमा के घर में कर्क का है तथा चन्द्रमा गुरु के घर (धनु, मीन) का है एवं चन्द्रमा गुरु से दृष्ट है तो "सरस्वती योग" बन रहा है।

भविष्यवाणी:- पाठको! उपरोक्त योग के कारण आपकी कुण्डली में गुरु ज्ञान का अधिष्ठाता होकर उच्च का है एवं चन्द्रमा सौम्य प्रकाश का स्वामी होकर गुरु से सम्बन्ध जोड़ने के कारण सर्वोत्तम प्रकाशमान हो चुका है। अत: आप पर माँ सरस्वती की पूर्ण कृपा बनी रहेगी और आप उच्च कोटि के लेखक, पत्रकार,

सम्पादक, कवि बनेंगे। आपकी ख्याति भारत में फैल जायेगी।

153. कवि, लेखक, सम्पादक, पत्रकार बनाने से सहायक टोटके

1. माता सरस्वती की तस्वीर के समक्ष नित्य ही एक अगरबत्ती जलाकर "ॐ ऐं शारदा नम:" मंत्र का जप (करजोड़ कर) पाँच मिनट कर लिया करें।

2. सरस्वती की तस्वीर या प्रतिमा पर नित्य ही सफेद पुष्प चढ़ाया करें।

3. श्री गणेश जी तस्वीर या प्रतिमा पर दूर्वादल नित्य चढ़ाया करें।

4. सिद्ध अष्ट सरस्वती यंत्र" सफेद डोरे के साथ गले में धारण करें।

5. बुधवार के दिन (छ: बुधवार) गाय को हरी घास डालें।

पाठको उपरोक्त टोटके अपनाने से आपके भविष्य में "चार चाँद" लग जायेंगे इतना ही नहीं आप भारत को महान बनाने में पूर्ण भूमिका भी निभायेंगे और अब मैं इस अनुपम ग्रन्थ को यही "विराम "देता हूँ। "जय भवानी"